Sabine Krätzschmar, Thomas Spanier
Ankunft im gelobten Land

Sabine Krätzschmar
Thomas Spanier

Ankunft im gelobten Land

Das erste Mal im Westen

Ch. Links Verlag, Berlin

Die **Deutsche Bibliothek** verzeichnet diese Publikation
in der Deutschen Nationalbibliographie;
detaillierte bibliographische Daten sind im Internet
über http://dnb.ddb.de abrufbar.

1. Auflage, September 2004

Schönhauser Allee 36, 10435 Berlin, Tel.: (030) 44 02 32-0
Internet: www.linksverlag.de; mail@linksverlag.de
Umschlaggestaltung: KahaneDesign, Berlin,
unter Verwendung eines Fotos von Thomas Raupnack/argus
Lektorat: Antje Taffelt, Berlin
Satz: Petra Florath, Berlin
Druck und Bindung: Freiburger Graphische Betriebe, Freiburg

ISBN 3-86153-334-0

Inhalt

Vorwort

Einen trafen wir, der sagte Nein zum Westen. Ein alter Mann, irgendwo in der Altmark, ist den Verlockungen des neuen Vaterlandes bis heute nicht erlegen. Er war noch nie dort. Er wird nie hinfahren. Seine Verwandten sagen, er sei dickköpfig.

So stur war nicht einmal jener Grenztruppenkommandeur, der sich fast ein Jahr lang einredete, er habe schon alles gesehen. Mit dem Fernglas. Bis er sich in sein erstes Westauto setzte und losfuhr. Er gab an diesem Tag keinen Pfennig aus. Das war seine Form des Widerstandes.

Diese beiden Männer sind Ausnahmen. Die meisten ihrer Landsleute wären nie auf den Gedanken gekommen, sich der Möglichkeit zu verweigern, den so gänzlich anderen Teil Deutschlands kennen zu lernen. Übrigens ein ziemlich einseitiges Verlangen. Eine Forsa-Umfrage vom April 2004 hat ergeben, dass knapp 60 Prozent der Westdeutschen selten oder noch nie im Osten gewesen sind. 20 Prozent fahren nur gelegentlich hin.

Für die meisten DDR-Bürger hingegen war der Sog der vertrauten Fremde in all den Jahren der Teilung mächtig. So mächtig, dass Menschen ihr Leben riskierten, um der Umklammerung des »Arbeiter- und Bauernstaates« zu entfliehen. Davon wird im Buch zu lesen sein. Von dem jungen Malerlehrling, dem eine Mine kurz vor dem letzten Grenzzaun das Knie zerfetzte, oder von den Brüdern, die nach gelungener Flucht in Sichtweite ihres Heimatortes ein neues Leben im Westen anfingen.

Wer zu DDR-Zeiten auf legale Weise privat oder dienstlich in den Westen reisen durfte, galt als Glückspilz. Dazu gehörten erfolgreiche Sportler, Künstler, einfache Leute, die Verwandte besuchen konnten. Alle kommen hier zu Wort. Nicht jeder von ihnen kehrte zurück. Mancher, wie der Entertainer Achim Mentzel, mit einem halben Jahr Verspätung.

Die letzte Möglichkeit, dem Staat zu entfliehen, bestand im »Antrag auf ständige Ausreise aus der DDR«. Ein halbes Dutzend »Antragsteller« schildern in diesem Buch die Schikanen, denen sie bis zur ersehnten »Ankunft im gelobten Land« ausgesetzt waren. Einen Sonderfall stellt der Sänger Stephan Krawczyk dar, den man als unbequemen Mahner abschob.

Der Eiserne Vorhang wurde erst gegen Ende der DDR durchlässiger, als die Gemeinschaft der »Bruderstaaten« zerfiel und sich in der Tschechoslowakei und Ungarn Fluchtmöglichkeiten boten. Botschaftsflüchtlinge schildern die dramatischen Stunden in Prag, eine Familie berichtet, wie sie sich mit bloßen Händen unter ungarischem Stacheldraht hindurch nach Österreich wühlte.

Als am 9. November 1989 die Mauer fällt, werden die Massen von der Bewegung in den Westen erfasst. Die Erlebnisse der ersten Tage und Wochen danach sind von überschäumenden Emotionen geprägt, von ungläubigem Staunen und ehrlicher Freude.

Die »Ankunft im gelobten Land« vollzog sich auf unterschiedlichste Art – abenteuerlich und hoffnungsvoll, ernüchternd oder berauschend, dramatisch und schmerzlich, befreiend oder irritierend. Jeder erlebte den ersten Schritt ins andere Land auf seine Weise. Der »Mythos Bundesrepublik«, gespeist aus Fernsehbildern und Erzählungen Dritter, rieb sich an der eigenen Anschauung. Die Bilder im Kopf wurden nach und nach von der Realität, die nur noch wenig mit dem »gelobten Land« gemein hat, überzeichnet.

Der Reiz der gesammelten Selbstaussagen lag für uns nicht zuletzt im zeitlichen Abstand zum Erlebten, der neben der ersten, oftmals emotionalen Perspektive, auch einen ordnenden Blick auf die Ereignisse zuließ. Die anderthalb Jahrzehnte seit der Wende sind an keinem der Befragten spurlos vorübergegangen. Die Erfahrungen dieser Jahre beeinflussen unweigerlich auch den Blick zurück. Manch einer, der damals euphorisch aufbrach, findet sich heute – jeder Illusion beraubt – im Millionenheer ostdeutscher Arbeitsloser wieder. Andere hatten Glück und konnten die Chancen nutzen, die sich ihnen boten.

Geschichte entsteht immer aus Geschichten. Wir mussten sie nur auflesen. Ob bei der Familienfeier, im Freundeskreis, nach dem Volleyballtraining oder in den Kneipen der Republik – stets genügte das Stichwort, und aus Zuhörern wurden Erzähler, aus Unbeteiligten Akteure.

Aber nicht jeder wagte den Schritt in die Öffentlichkeit. Besonders bei Flüchtlingen, die erfolgreich die innerdeutsche Grenze von Ost nach West überwunden hatten, stießen wir mit unserem Ansinnen mehr als einmal auf Ablehnung. Sie wollten die alten Erlebnisse ruhen lassen, sagten sie. Manchmal wussten nicht einmal ihre neuen Familien Bescheid. Es schien, als sei ihnen der (Wage-) Mut von einst heute unangenehm.

Umso mehr haben wir all jenen zu danken, die uns freimütig von ihrem Weg in Richtung Westen berichteten, der immer auch ein Weg zur deutschen Einheit war, ob sie es wollten oder nicht. Die äußere Einheit war mit der Öffnung der Grenze bald hergestellt, die innere Einheit vollzieht sich nur langsam. Die Grenze ist nach wie vor in unseren Köpfen – manchmal nur noch als schwache Linie, manchmal auch als feste Mauer. Für den einen ist sie Herausforderung, sie zu überwinden, dem andern dient sie als Abschottung. Wichtig, so haben wir erfahren, ist der Wechsel der Perspektive – die Grenzübertretung.

Jena, Juni 2004

Sabine Krätzschmar
Thomas Spanier

»40 Jahre ausgesperrt«

Karsten Stiemerling, Jahrgang 1931, Landwirt, lebt in Hötensleben (Sachsen-Anhalt) und Königswinter (Nordrhein-Westfalen)

Ich stamme aus Hötensleben, das nach der Grenzschließung im Sperrgebiet lag. Auf meinem Hof bin ich die zwölfte Generation. Noch während meiner Schulzeit habe ich viele meiner Lehrer und Bekannten über die Grenze in den Westen und auch zurückgeschleust und mir zu diesem Zweck aus einer Zeltbahn eine russische Uniform schneidern lassen. Das hat vor der völligen Grenzschließung alles noch sehr gut funktioniert. Als die Russen die Grenze absicherten, musste ich im ostdeutschen Oschersleben zur Schule gehen – bis dahin hatte ich in Schöningen auf der Westseite gelernt. Die Grenze wurde dann immer hermetischer abgeschlossen. Zur Tanzstunde meiner alten Klasse im Westen fuhr ich mit dem Fahrrad, und bisweilen wurde ich unter Beschuss genommen. Drüben war ich dann natürlich der Held. Wenn man jung ist, dann macht man wohl solche Sachen.

Nach dem Abitur konnte ich mit ostdeutscher Genehmigung eine landwirtschaftliche Lehre in der Hildesheimer Gegend antreten. Als im Mai 1952 die Grenze ganz zugemacht wurde, haben mich die DDR-Behörden aufgefordert, zurückzukommen. Ich habe nicht lange überlegt und mich gleich entschlossen, im Westen zu bleiben, zumal ich schon eineinhalb Jahre dort gewesen war. Da hätte man mir in der DDR leicht eine Spionageausbildung anhängen können. Ich kannte ja das System und wusste, was alles möglich war, und die Freiheit war mir wichtiger als mein Hof und alles andere. Ich bin also drüben geblieben. Alles, was ich hatte, war ein Fahrrad, eine Aktentasche und ein Rucksack. Meine Mutter hat noch ein Jahr im Osten ausgehalten, dann stiegen die Ablieferungsverpflichtungen für Alt-Bauern derart, dass sie Angst hatte, das Soll nicht mehr erfüllen zu können und inhaftiert zu werden. Sie kam über Berlin in den Westen. Unser Besitz wurde in Volkseigentum überführt, denn wir galten als Republikflüchtlinge.

Ich hatte inzwischen meine Lehre beendet, absolvierte noch ein Jahr als Verwalter auf einem Klostergut in der Lüneburger Heide und schrieb mich dann, dem Rat eines alten Lehrers folgend, zum Studium der Landwirtschaft in Göttingen ein. Als Verbindungsstudent im Westen habe ich reden gelernt. In Hötensleben wurden Konflikte mit der Faust ausgetragen, das kannte ich nicht anders. Wir waren Rabauken, und es ging sofort zur Sache. Mir fiel es deshalb anfangs nicht leicht zu diskutieren; das hatte ich im Osten nie gelernt.

Die ersten Jahre im Westen waren schwer – als Zonenflüchtling war ich ein Niemand, ein »Nichts«. Das war hart. Das fing im Lehrbetrieb an und reichte bis in den privaten Bereich hinein. Ich habe damals sehr viel Leistungssport getrieben, Leichtathletik, aber ich hatte kein Geld, mir Spikes zu kaufen. Das habe ich mir dann morgens auf dem Rübenacker vor der Arbeitszeit auf dem Hof verdient – 40 D-Mark, so viel brauchte ich. Als ich nach Hannover fuhr, um die Schuhe zu kaufen, hieß es plötzlich, sie kosten 42 D-Mark. Ich ging zu Bekannten, um mir die zwei Mark zu leihen, aber niemand wollte mir das Geld geben.

Ich bin durch Tiefen gegangen, weil ein Mann aus der Zone ein Niemand war. So hatte ich beispielsweise keine besonderen Klamotten, nur Papierhemden, die sich in der Wäsche auflösten, aber das war nicht das Schlimmste.

Bei der Verwandtschaft meiner Mutter südlich von Hannover habe ich natürlich auch Antrittsbesuche gemacht, und überall hatten sie Angst, dass ich ihnen zur Last fallen könnte. Sie haben sich alle zurückgezogen. Einige hatten auch selbst schon viele Kinder. Und dann kam da noch einer aus der Zone. Es waren so viele Kleinigkeiten, die wehtaten. Aber ich habe immer gesagt, ich halte durch, egal was sie mit mir machen. Auch wenn sie mich nachts rausholten, im Lehrbetrieb, weil es Wind gegeben hatte und die gemähten, zum Trocknen aufgestellten Getreidegarben umgefallen waren. Wenn ich die Garben wieder aufgestellt hatte, war die Nacht rum. Eigentlich war es in dieser Zeit der Sport, der mir weitergeholfen hat.

Ich habe mich letztlich durchgesetzt und mein Studium 1959 in Bonn abgeschlossen, mit einer Doktorarbeit über den sowjetischen Zuckerrübenanbau und seine Mechanisierung. 1967 wurde ich Direktor der Zuckerfabrik Ameln im Rheinland.

Nach der Wende passierte ich am 31. Dezember 1989 das erste Mal wieder die Hötenslebener Grenze und kam auch später durch meine Tätigkeit beim Wiederaufbau der Zuckerindustrie im Osten zwangsläufig immer mal durch mein Heimatdorf. Das war extrem schwer. In so einem Grenzdorf lebten ja sehr viele Menschen, die in die Grenzbewachung involviert waren.

Über die Hälfte der ehemals 5000 Einwohner hat sich noch vor der Grenzschließung in den 50er Jahren in der westlichen Nachbarschaft niedergelassen, andere wurden ins Landesinnere umgesiedelt. Ich bin wieder hierher zurückgekehrt und hörte die Leute sagen: »Wir waren hier 40 Jahre eingesperrt.« Ich antwortete dann: »Ich war 40 Jahre ausgesperrt.« Während der vielen Jahre konnte ich überallhin, nur nicht in meinen Heimatort, der lag ja im Sperrgebiet. Ein einziges Mal war ich dort, in den 80er Jahren, als wir in Halberstadt Verwandte meiner Frau besuchten. Ich wollte meiner jüngsten Tochter mein Heimatdorf von der Ostseite aus zeigen. Als wir zur Schranke kamen, die das Sperrgebiet abriegelte, bemerkten wir, dass sie geöffnet war. Kein Grenzpolizist war zu sehen. Meine Frau und meine Tochter überredeten mich weiterzufahren. Unten am Bahnhof passierten wir mit unserem Mercedes eine alte Frau mit zwei Eimern in der Hand, die sie vor Schreck fallen ließ. Ich war nur noch 100 Meter vom Hof entfernt, als mir ein Polizist entgegenkam. Ich stieg aus und erzählte ihm, ich hätte mich auf dem Weg nach Halberstadt verfahren. Er war leichenblass, befahl mir, einzusteigen und ihm zu folgen. Wir warteten eine Dreiviertelstunde am Schlagbaum auf unsere Pässe, die wir dann Gott sei Dank wiederbekamen. Drei Monate später hörte ich von einer Cousine: »Na, sag mal, du bist ja in Hötensleben gewesen!« Eine ihrer Freundinnen war mit einem hohen Vopo-Offizier verheiratet, und bei dem war die Meldung gelandet. Er wusste genau, wer ich war, und hätte mich genauso gut verhaften lassen können.

Bei unserem Weggang damals haben wir alles stehen und liegen lassen. Ich habe das aber nie bereut, weil ich frei sein wollte und mir die Bundesrepublik alle Möglichkeiten eröffnet hat, meinen Weg zu machen. Ich habe nie geglaubt, dass ich jemals in mein Dorf zurückkommen könnte. Dazu habe ich die Sowjetunion für viel zu stark gehalten. Ich hatte dieses mächtige Land als Delegationsmitglied im Rahmen des westdeutsch-sowjetischen Kulturabkommens 1960 selbst erlebt. Aber ich habe auch nie zurückgeblickt, nur nach vorn. Es hatte ja keinen Zweck zurückzuschauen, ich musste zusehen, dass ich mich zurechtfinde und meinen Kopf über Wasser halte. Das bestimmte mein Denken und Handeln.

Die ganzen 40 Jahre hatte ich jedoch in unregelmäßigen Abständen immer denselben Traum: Ich robbe in Hötensleben über die Grenze, schleiche ins Dorf, dann ins Haus und stehle mich über Offleben wieder davon. Ich habe jedes Mal gemerkt, da ist etwas in meinem Unterbewusstsein, das ich nie bewältigt habe. Seitdem ich wieder im Osten bin, habe ich den Traum nicht noch einmal geträumt.

Den Hof, der fürchterlich heruntergekommen war, hat vornehmlich meine Frau wieder aufgebaut. Das waren wir unseren Vorfahren einfach schuldig. Die ersten drei, vier Jahre in meinem alten Dorf waren extrem hart für uns, man wollte uns mit allen Mitteln wieder raushaben. Es gab einen solchen Gegenwind. Die Menschen hatten natürlich auch Angst, sie hatten zum Teil schlechte Erfahrungen mit Leuten aus dem Westen gemacht. Aber ich habe immer gesagt: »Ihr müsst uns so nehmen, wie wir sind, und nicht, wie ihr glaubt, dass wir sein könnten.« In den wieder aufgebauten Taubenturm des Hofes habe ich unseren Familienspruch eingravieren lassen: »Was du ererbt von deinen Vätern, erwirb es, um es zu besitzen.«

Relativ schnell hat sich das Blatt im Dorf gewendet. Und das ist schön. Ich bin nach mehr als 40 Jahren wieder da angekommen, von wo ich damals weggegangen bin. Ich werde immer gefragt, wo meine Heimat ist. Ich habe zwei, ich habe wirklich zwei.

»Ich dachte, das ist ein Bluff«

Lutz Peter, Jahrgang 1949, Plakat- und Schriftenmaler, lebt in Halberstadt (Sachsen-Anhalt)

Ich bin in Schwanebeck bei Halberstadt aufgewachsen. Ganz in der Nähe der Grenze zu Niedersachsen. Da ist natürlich einiges von der so genannten Feindpropaganda rübergeschwappt. Als Schulkinder mussten wir klassenweise los und die Flugblätter mit den »Hetzschriften« von den Feldern sammeln. Auf einem war eine Ulbricht-Karikatur zu sehen, und darunter stand: »Der nicht, aber Neckermann macht's möglich.« Daneben lagen dann die HB-Zigarettenproben. Ständig hat man irgendwo gehört, wer nun wieder »rübergemacht ist«. Auch nach dem Mauerbau 1961 sind immer wieder einige über die Grenze in den Westen geflüchtet – Grenzer, Zivilisten. Man hat sich locken lassen von schönen Autos, großen Kaufhäusern und einem besseren Leben.

Ich war 17 damals und Malerlehrling. Mit zwei Freunden hatte ich den Entschluss gefasst abzuhauen. Wir wussten nicht, wie und wo. Am Abend des 8. September 1966 liefen wir einfach in Richtung Grenze los. Es war diesig, nass und ziemlich kalt draußen. Vor Barneberg sind wir von der Straße runter und haben uns über Felder dem Grenzstreifen genähert. Außer der Richtung war nichts klar. Wir hatten nicht die geringste Ahnung, wie die Sperranlagen aussahen. Die habe ich erst nach der Wende bei Hötensleben gesehen. Jedenfalls war, wie der Zufall es will, im ersten Sperrzaun ein Tor geöffnet. Wahrscheinlich hatte eine Streife vergessen, es zu schließen. Die Straße führte direkt nach Offleben, dem ersten Ort auf westdeutscher Seite. Unmittelbar vor dem Ort stand der Grenzzaun. Kurz davor hörte die Straße einfach auf. Alles war aufgerodet und geeggt, damit die Grenzer die Spuren von Flüchtlingen sichern konnten. Eine richtige Lichttrasse. Dann kam ein dreifacher Stacheldrahtzaun mit zwei Minenfeldern dazwischen. Ungefähr

20 Meter weiter stand das erste Haus auf westdeutscher Seite. Ich habe natürlich die Schilder gesehen: »Vorsicht Minen, Lebensgefahr!« Aber ich dachte, das ist ein Bluff. Meine Kumpels wollten umkehren, aber ich sagte: »Jetzt sind wir bis hierher gekommen, jetzt gibt es kein Zurück. Wenn wir umkehren, erschießen sie uns vielleicht.« Also bin ich auf allen Vieren weitergekrochen. Mit dem linken Knie erwischte ich dann eine Mine. Ein dumpfer Knall, gefolgt von Leuchtkugeln. Ich sah an mir runter: Vom Oberschenkel bis zum Unterschenkel war links alles weg. Auch der rechte Oberschenkel blutete stark.

Auf der Westseite kamen sie aus den Häusern gerannt. Als sich die Grenzer näherten, wurden sie von den Westlern beschimpft: »Ihr Mörder!«, »Ihr Bluthunde, schämt euch!« Das wurde mir später im Gerichtsverfahren noch zum Vorwurf gemacht. Auf westdeutscher Seite war ein Arzt, der mir helfen wollte, den haben sie aber nicht zu mir gelassen. Ein Grenzer mit Maschinenpistole hat mich aus ein paar Metern Entfernung bewacht. Er forderte mich auf, mich nicht zu bewegen, sonst mache er von der Schusswaffe Gebrauch. Das war völlig überflüssig. Ich war so entkräftet, dass ich mich sowieso nicht bewegen konnte. In das Minenfeld trauten sich die Grenzer nicht. Um mich rauszuholen, musste erst der Minenplan aus Magdeburg geholt werden. Das war so Vorschrift, damit sich die Grenzer vor Ort den Plan nicht einprägen und selbst abhauen konnten.

Ich lag da ungefähr zwei Stunden in meinem schrecklichen Zustand. Zwischendurch verlor ich das Bewusstsein. Als mich die Grenzer endlich rausholten, dämmerte es schon. Es gibt ein Foto, das zeigt, wie sie mich aus dem Minenfeld tragen. Das hat jemand drüben von einem Dachbodenfenster aus aufgenommen. Ganz nah neben mir lief ein Schäferhund. Der hat wahrscheinlich das Blut gewittert. Ich hab den Grenzer gebeten, den Hund wegzunehmen. »Halt's Maul«, hat der gesagt, »wenn du nicht hergekommen wärst, hätten wir das ganze Theater nicht.«

Im Kreiskrankenhaus bei Oschersleben haben sie mir das linke Bein oberhalb des Knies amputiert. Vier Wochen lag ich dort. Vor der Tür stand ein Posten, bis ich vernehmungsfähig war, also ungefähr eine Woche lang. Am 4. Oktober kamen sie dann mit einem

Haftbefehl wegen »versuchten illegalen Verlassens der DDR«. Wegen Verdunkelungs- und Fluchtgefahr wurde ich ins Haftkrankenhaus Meusdorf bei Leipzig gebracht. Weil ich mich ja auch so gut bewegen konnte! Weihnachten habe ich in der Haftanstalt Leipzig verbracht. Dann ging es mit dem berühmten »Otto-Grotewohl-Express«, einem Sonderzug für »Knastologen« mit speziell ausgestatteten Waggons und Blindscheiben, weiter nach Magdeburg. Im Februar wurde ich dann vom Kreisgericht Halberstadt zu einem Jahr und sechs Monaten Haft verurteilt. Die anderen beiden wurden zu 20 und 28 Monaten Haft verurteilt. Zum Glück hatte ich kein Taschenmesser dabei, sonst hätten sie wahrscheinlich noch einen bewaffneten Grenzdurchbruch daraus gemacht. Die schwere Verletzung wurde mir positiv angerechnet. Die Haftstrafe habe ich dann im Jugendstrafvollzug in Dessau abgesessen. Drei Monate haben sie mir wegen guter Führung erlassen. Weihnachten 1967 durfte ich wieder nach Hause.

Meine Malerlehre konnte ich wegen der Behinderung nicht weitermachen. Ich kam in die Werbeabteilung des HO-Kreisbetriebs, habe dort Plakat- und Schriftenmaler gelernt und bis 1989 im Betrieb gearbeitet. Als die Wende kam, dachte ich im ersten Moment: Du dummer Hund, du hast damals dein Leben riskiert, und jetzt kann man einfach so rüberfahren.

Im Januar 1990 sind wir dann bei Hötensleben das erste Mal rüber. Man kam sich vor wie im Ausland, obwohl alle freundlich waren. Ich weiß nicht, ob ich da jemals Fuß gefasst hätte. Hätte ich damals über das Leben und die Zustände dort den Erkenntnisstand von heute gehabt, hätte ich wahrscheinlich nicht mein Leben riskiert. Wenn man so will, war ich auch ein bisschen Opfer der westdeutschen Propaganda.

Nach der Wende habe ich eine Haftentschädigung bekommen und Kriegsversehrtenrente. Ich bin noch bei einem Möbelmarkt geringfügig beschäftigt. Drei Tage in der Woche male ich Preisschilder und so was.

1991 überreichte mir Richard von Weizsäcker im Schloss Bellevue das Bundesverdienstkreuz am Bande. Stellvertretend für alle Maueropfer. Ich habe mich darüber gefreut, vor allem weil ich dachte, jetzt gibt es doch noch ein bisschen Gerechtigkeit.

»*Juten Tach, wir sind jeflitzt*«

Achim Mentzel, Jahrgang 1946, Musiker, Sänger, Moderator, lebt in Gallinchen (Brandenburg)

Nachdem ich mit meiner Band Spielverbot bekam, weil wir Rockmusik gemacht und Titel von den Rolling Stones und den Beatles nachgespielt hatten, landete ich bei dem bekannten Orchester Alfons Wonneberg in Berlin. Das Orchester spielte zu besonderen Anlässen in Westberlin, so auch auf einer Veranstaltung zum Internationalen Kindertag am 1. Juni 1973. Es war Usus, dass von der DDR-Künstleragentur, die für die Auslandsgastspiele zuständig war, immer zwei, drei Leute mit rüberfuhren. Wir nannten sie »Aufpasser«, was sie im Grunde ja auch waren. Wir trafen uns an dem Morgen sehr früh – auch das war Usus –, ungefähr um acht. Dann ging es ab nach Westberlin, in den großen Tanzsaal, wo unser Auftritt stattfinden sollte, in die »Neue Welt« an der Hasenheide in Kreuzberg. Aufbauen, so schnell es ging, die Instrumente hinstellen und dann nichts wie weg! Auch die Aufpasser waren schnell verschwunden, weil sie Verwandte besuchen wollten. Ich hatte als Sänger den Nachteil, für die Anlage zuständig zu sein. Die Musikanten hatten mir zwar die Boxen hingestellt, aber ich musste das ganze Gelumpe verkabeln. Auch der Schlagzeuger hatte mehr aufzubauen – wir beide hampelten also noch als Letzte auf der Bühne rum. Und ich dachte die ganze Zeit: Jetzt will ich aber auch los. Auf einmal macht der Schlagzeuger von seiner großen Pauke die Felle ab, holt einen Wintermantel raus und Papiere: seinen Sozialversicherungsausweis, seine Geburtsurkunde. »Was machst du denn da?« habe ich ihn gefragt. – »Ich bleibe hier.« – Und ich: »Was machst du? Das ist ja ein Ding!«

Meine zweite Frau hatte mich kurz vor diesem Auftritt bei einem krummen Ding erwischt und gesagt, es sei alles aus. Ich hatte also Ärger zu Hause und entschloss mich deshalb kurzerhand, auch im

Westen zu bleiben. Es war zwar ein bisschen schoflig von uns, dass wir uns einfach so von der Band absetzten, aber wir haben sie nicht wirklich im Stich gelassen. Es waren mehrere Sänger mitgekommen. Wenn sie auf mich angewiesen gewesen wären, hätte ich das nicht gemacht.

Noch vor der Veranstaltung seilten wir uns ab. Ich hatte nichts als meine Klamotten auf dem Leib und ein weißes Hemd in einer Plastetüte; meine Anzüge und Schuhe, alles war im Bus geblieben. Der Schlagzeuger hatte ein paar Sachen mehr mit als ich. Außerdem hatten wir jeder fünf D-Mark Spesengeld in der Tasche.

Wir haben uns dann dort in der Nähe auf einem Polizeirevier gemeldet: »Juten Tach, wir wollen uns hier melden.« – »Ja, wer sind Sie denn?« – »Wir sind zwei Musikanten aus der DDR, wir spielen in der Hasenheide heute Abend, aber wir sind jeflitzt.« Der Polizist meinte, sie hätten mit uns nichts zu tun, wir müssten nach Marienfelde, ins Aufnahmelager für Westberlin. Wir also mit der U-Bahn dorthin. In Marienfelde sagten wir wieder unseren Spruch auf: »Wir sind zwei Musikanten aus der DDR, wir haben die Flocke gemacht.« – »Wie sind Sie denn rübergekommen?« – »Mit Pässen.« – »Aha, also offiziell. Da müssen Sie jetzt hier bei uns bleiben.« Der Schlagzeuger erklärte, dass er mit seiner Familie ausgemacht hatte, in der Wohnung seines Cousins zu bleiben, der auf Montage war. Die Ämter, bei denen man die Laufzettel zur Anmeldung holen musste, waren geschlossen – es war schließlich nachts, die Nacht zum Sonnabend. Der Beamte im Aufnahmelager sagte, wir sollten zu diesem Cousin gehen und uns am Montag wieder melden. Gesagt, getan. Am Montag haben wir dann die Ämter abgeklappert. Wir erhielten Aufenthaltsgenehmigungen und mussten mit der U-Bahn zu vielen Stellen: zum Olympiastadion, wo die Engländer saßen, zu den Franzosen und den Amerikanern. Dort wurden wir befragt: »Sie waren doch bei der Armee, was haben Sie gesehen? Haben Sie Raketen gesehen?« – »Ich? Ich hab nix gesehen, ich war Kraftfahrer.« In der Wohnung des Cousins blieben wir zwei Wochen. Wir hatten frei, hatten Spaß mit den Mädels und waren überall: auf dem Ku'damm, in der Disko. Wir fürchteten uns vor nichts. Wir waren doch im Westen, in der großen weiten Welt. Und überall hat es geflackert und geblinkert. Herrlich!

Eines Morgens klingelt es unten wie jeden Morgen, wenn uns die Cousine das Frühstück brachte. Wir drücken auf den Türöffner, ohne zu fragen, wer da ist, und auf einmal – ich bin noch im Bad und hab das Gesicht voller Rasierschaum – steht Alfons Wonneberg da, der Kapellenleiter. Die hatten ihn rübergeschickt nach dem Motto: »Jetzt haben die Bengels sich det anjekiekt, versuch mal, die zu holen, und dann ist alles jut.« Wir haben uns sehr erschrocken, als Alfons Wonneberg da vor uns stand mit seinen drei Zentnern. Das Doppelte von mir! Unser erster Blick ging hinter ihn: Waren da welche mit Knarren und einem großen Teppich, in den sie uns einrollen und dann entführen? Aber Wonneberg sagte nur ruhig: »Wenn ihr mitkommt, passiert nichts, aber entscheidet euch schnell, ich habe nicht den ganzen Tag Zeit.« Wir haben gesagt: »Nee, wir kommen nicht mit, die reißen uns den Arsch auf.«

Ich hatte nur einen vorläufigen Ausweis bekommen und wollte zu Verwandtschaft meiner Mutter ins Saarland. Also bin ich von Tempelhof nach Frankfurt am Main ausgeflogen worden. Mein Onkel holte mich ab, und dann ging es nach Spießen-Elversberg bei Neunkirchen an der französischen Grenze. Ich wollte meiner Verwandtschaft nicht auf der Tasche liegen. Ich hatte als Musikant schon Geld verdient, mir war es ja in der DDR gut gegangen. Mein Onkel arbeitete als Bierausfahrer, kannte jede Menge Kneiper, und ich dachte, er kann mir helfen, als Musikant unterzukommen. Er stellte mich überall vor: »Das ist mein Neffe aus der DDR, der spielt Gitarre und singt wie ein Teufel.« Aber es hat keinen interessiert. Auf dem Amt fragte man mich, was ich kann. »Na ja«, habe ich gesagt, »ich kann gut singen.« In der DDR hatte ich gerade meine erste Soloproduktion für den Rundfunk gemacht. Ich habe gedacht, ich bin schon der Größte, und alle Welt wartet auf mich, und bald geht's nach Las Vegas. Der Amtmann sagte dann einen Satz, den ich bis heute nicht vergessen habe: »Gaukler und Fallensteller haben wir hier genug.« Das war wie ein Schlag auf die Birne. Dann hieß es: »Hier ist Kohle und Eisen.« Ich könne mit den Händen arbeiten, hätte Polsterer gelernt und Tapezierer, antwortete ich ihm. »So was brauchen wir hier nicht, Sie können als Anlerner bei Eberspächer anfangen, Auspuffanlagen schweißen. Da verdienen Sie 2000 D-Mark.« Ich hatte keine Ahnung vom Schweißen. Die haben mir einen Lederanzug verpasst, ich habe geschwitzt wie ein Pferd. Nach zehn Tagen kam ich an ein Fließband für Nacharbeiten. Dort schweißte ich in Schichten weitere zwei Monate, so gut es ging, von sechs bis zwei oder von zwei bis zehn. Nebenbei habe ich in einem Saarbrücker Nachtladen als Sänger und Gitarrist gespielt, nachdem mein Onkel den Kapellmeister beschwatzt hatte. Dafür musste ich mir noch eine E-Gitarre und einen Verstärker kaufen – eine »Fender«, Wahnsinn! Das hat etwa 1500 D-Mark gekostet, die ich abstottern musste. Manchmal habe ich bis früh um sieben gespielt, so lange wie die Gäste eben zahlen wollten. Ich habe gearbeitet wie ein Idiot. Im Betrieb kam ich dann ans große Fließband, und das war furchtbar. Alles ging mir zu schnell, ich hatte abends einen Haufen nachzuarbeiten. Irgendwann kam mir zu Ohren, dass ein paar italienische Kollegen schlecht über mich gesprochen hatten. Ich war völlig fertig. Ich, der Künstler, war das Arschloch für alle. Und ich war allein. Manchmal habe ich morgens in meinem Zimmer gesessen, und die Heulerei ging los. Ich fragte mich: »Was hast du jetzt gekonnt? Was ist das für ein Mist hier?« Meine Verflossene schickte mir Briefchen mit Bildern von unserem Kind und von ihrem Sohn. Ich wollte zurück. Der DDR-Staatsanwalt ließ ausrichten, es werde alles nicht so heiß gegessen, wie es gekocht wird. »Okay«, habe ich mir gesagt, »du arbeitest noch ein bisschen, und dann gehst du zurück.«

Im November bin ich dann in den Zug gestiegen, mit haufenweise Gepäck, Süßigkeiten und Klamotten für die Kinder. Der Zug fuhr über Bebra – da hätte ich es mir noch mal überlegen können. In Berlin-Friedrichstraße bin ich ausgestiegen. Ich war fast der Letzte auf dem Bahnsteig. Und schon kamen zwei mit der Knarre auf mich zu und fragten: »Was machen Sie hier noch auf dem Bahnhof?« – »Ich melde mich zurück, ich bin am 1. Juni abgehauen.«

Nach einer unangenehmen Kontrolle haben sie mich noch in derselben Nacht im Polizeipräsidium Keibelstraße für zwei Tage in eine Zelle gesteckt. Bei den Befragungen ging es nur um Geld. Als ich das gemerkt habe, hatte ich gar nicht mehr so viel Angst. Die haben meine Sachen vollkommen auseinander genommen, sogar den Verstärker und die Gitarre. »Sie müssen doch Geld haben, Herr Mentzel?« hieß es. Aber ich hatte wirklich kein Westgeld mehr.

Nach zwei Tagen dachte ich, es geht nach Hause, aber der Barkas, ein Kleintransporter, fuhr an meiner Wohnung in Pankow vorbei, raus aus Berlin, auf die Autobahn Richtung Magdeburg, ins Aufnahmelager für Rückkehrer im Schloss Barby. Dort musste man in einem großen Aufenthaltsraum warten, bis man zur Vernehmung aufgerufen wurde. Die dachten ja tatsächlich, man hatte mich im Westen auf die Agentenschule geschickt. »Sie sind doch nicht freiwillig gekommen, Herr Mentzel. Man hat Sie doch geschult. Sie haben gelogen, Sie haben Ihre Legende nicht gelernt.« – Ich: »Was für eine Legende?« Ich hatte nur die Vornamen von zwei Musikerkollegen verwechselt. Die hatten genau recherchiert, was ich im Westen gemacht hatte.

Eines Tages standen Alfons Wonneberg und der Fernsehmoderator Lutz Jahoda im Besucherraum. »Achim, willst du wieder bei uns mitmachen?« Ich hatte Tränen in den Augen. Ich hab ja kein Land gesehen. Ich dachte: Achim, du gehst in den Knast. Eine Woche später durfte ich nach Berlin. Nach zwei Monaten kam ein Brief vom Gericht: Termin beim Gericht in Pankow, Verhandlung wegen Republikflucht. Der Richterspruch lautete: »Im Namen des Volkes verurteile ich Sie zu zehn Monaten Gefängnis auf zwei Jahre Bewährung. Wir wünschen Ihnen alles Gute, Herr Mentzel.« Wenn Jahoda und Wonneberg nicht gewesen wären, wäre es nicht so glimpflich ausgegangen. Ein bisschen hatte ich bei meiner Rückkehr auf einen Reisepass für den Westen gehofft. Aber denkste! Meine Band durfte in den Westen fahren, ich durfte nicht mehr mit. »Achim, du nicht«, hieß es immer. Während all der Jahre danach saß wahrscheinlich jemand im Magistrat, der überzeugt war, ich sei ein Agent. Beim »Berlin-Sextett« genau dasselbe. Irgendwann hat sich der Sänger Dean Reed für mich verbürgt, und von da an durfte ich wieder mit auf Tournee gehen.

Als die Wende kam, war ich skeptisch; ich hatte ja drüben schon mal reingerochen. Meine Bandkollegen sind alle nach Westberlin gefahren und standen am nächsten Tag völlig übermüdet auf der Bühne. Von Anfang an dachte ich: Jetzt wollen alle erst mal die Westkünstler hören. Und so war es. Alle Veranstaltungen wurden abgesagt, alle Verträge liefen aus. Ich hatte dann das Riesenglück mit der Hitparade.

»Wir finden euch überall«

Marlies Göhr, Jahrgang 1958, Diplompsychologin, 1976 Sprint-Olympiasiegerin mit der DDR-Staffel, lebt in Jena (Thüringen)

Mit 17 bin ich das erste Mal im »kapitalistischen Ausland« gewesen, also relativ zeitig. Ich flog 1975 mit der Junioren-Nationalmannschaft zur Europameisterschaft nach Athen. Sicher war ich froh, mal ins so genannte westliche Ausland zu kommen, aber Athen ist im Grunde eine hektische und heiße Stadt, und viel haben wir nicht gesehen. Es war August, die Zeit der größten Hitze, und wir konnten kaum auf die Straße, außerdem hatten wir anstrengende Wettkämpfe. Wir waren auch nur eine sehr kleine Mannschaft damals, mit vielen Aufpassern, von denen du dich kaum entfernen konntest, zumal die meisten von uns noch sehr jung waren. Athen machte auf mich damals einen gewaltigen Eindruck. Aber die Stadt ist ja nicht wirklich westlich geprägt. Davon hatten wir andere Vorstellungen. Die Akropolis haben wir natürlich besucht, auch eine Stadtrundfahrt war dabei.

Dann habe ich gleich einen Riesensprung gemacht: Die zweite Reise 1976 ging schon nach Montreal – das war natürlich ein gewaltiger Unterschied. Ich war schon ein paar Wochen vor Beginn der Olympischen Spiele zum Training in Kanada angereist. In dieser langen Zeit hatte ich bereits viel aufnehmen können. Ich war die Jüngste in der Mannschaft und lief in der Sprintstaffel als Starterin. Das erste Mal auf dem amerikanischen Kontinent und dann gleich Olympiasiegerin! Dann ging alles ziemlich schnell. 1977 hatte ich beim Weltpokal in Düsseldorf Kontakt mit der Bundesrepublik Deutschland, da war ich sozusagen das erste Mal hinter der Mauer. Das Stadion in Düsseldorf war gewaltig, überhaupt die ganze Stadt aus meiner Sicht damals.

Meine Patentante, die schon vor meiner Geburt in den Westen geflüchtet war und die ich nie richtig kennen gelernt hatte, besuchte mich dort ganz offiziell, mit einer Genehmigung. Zusammen mit ihr konnte ich mir noch einiges anschauen, nachdem ich mich vorschriftsgemäß abgemeldet hatte.

Danach war ich sehr viel im Ausland: allein siebenmal zum Trainingslager in Mexiko, das gehörte dann schon dazu. Klar, da waren Länder dabei, die ich sonst nie gesehen hätte. Heute kann man sich solche Reisen kaum noch leisten. Ich habe es zum Glück während meiner Laufbahn geschafft, auf jedem Erdteil einmal gewesen zu sein. Australien 1985 – das war gewaltig. Die Weltpokal-Wettkämpfe fanden zwar in Canberra statt, aber ich habe auch Sydney gesehen – eine irre Stadt. In den USA war ich dann oft, auch in Japan. Ich bin ziemlich rumgekommen.

Natürlich wurden wir »eingewiesen«, wie es hieß. Das war normal, wenn du »rausfuhrst«. Wir wurden alle überwacht, aber wenn du wirklich hättest abhauen wollen, hättest du es auch geschafft. Haben ja auch mehrere gemacht, vor allem Trainer. Das Risiko mussten die Funktionäre eingehen. Aber was hättest du da gewollt? Im Prinzip war in der DDR deine Heimat, hier hattest du deine Menschen. Und ob der sportliche Erfolg drüben derselbe gewesen wäre, das bezweifle ich. So einfach war das nicht: Ich hatte ja meine Eltern hier, und meinen Mann hätten die nie rausgelassen. Unser Haus hätten sie uns auch weggenommen. Es wäre schon hart gewesen, hier alles zurückzulassen. Bei irgendeinem Anlass sagte der DTSB-Präsident Manfred Ewald zu uns: »Ihr könnt alle abhauen, aber wir finden euch überall.« Das war eine klare Drohung und hat uns eingeschüchtert. Bei mir gab es da keine ernsthaften Überlegungen, im Westen zu bleiben. Aber die Behörden haben das anders gesehen, seit 1984 wurde ich bei der Stasi unter »Fluchtverdacht« geführt.

Zu den Wettkämpfen sind wir immer in Berlin-Schönefeld abgeflogen. Wenn es keine Direktflüge gab, ging es erst nach Amsterdam oder Kopenhagen und von dort aus weiter. Es musste ja schön billig sein. Meistens war es auch schön umständlich. Das Schärfste war die Reise nach Australien – 36 Stunden. Die zwei Wochen in Los Angeles, Dallas, New York – das war wirklich eine Traumreise. Wir waren nur zu dritt: zwei Athletinnen, ein Trainer. Irgendwann wurde es alltäglich, in der Welt umherzureisen und viele

Wochen unterwegs zu sein; ich habe gar nicht mehr darüber nachgedacht.

Auch im westlichen Ausland herrschten nicht immer die besten Bedingungen. Im Madison Square Garden in New York zum Beispiel hatte man für uns Sprinter einfache Holzplanken als Bahn ausgelegt. In der DDR wäre es überhaupt nicht denkbar gewesen, unter solchen Bedingungen zu laufen. Und beim Länderkampf 1983 habe ich Evelyn Ashford in ihrem eigenen Stadion geschlagen, da haben sie einfach die Siegerehrung für den 100-Meter-Lauf der Frauen ausfallen lassen. So waren sie, die Amerikaner.

Schwierig wurde es während meiner aktiven Laufbahn immer dann, wenn es in die BRD ging. Da wurde die Atmosphäre ideologisch sehr hochgeputscht. Immer waren viele Spitzel dabei, und man hat großen Aufwand betrieben, uns zu überwachen und abzuschotten. Wir durften uns mit Athleten aus dem Westen nicht einmal unterhalten, machten es aber trotzdem. Ich hatte zu vielen Kontakt, deswegen trauten mir die lieben Behörden vielleicht auch viel zu. Du kannst aber nicht einfach aneinander vorbeigehen, wenn du zusammen am Startblock stehst. Wenn du gut warst wie ich, dann konntest du dir das erlauben. Wegen meines Verhaltens musste ich nach Wettkämpfen oft zu Aussprachen.

Geld bekamen wir nicht allzu viel, 15 D-Mark am Tag, glaube ich. Das durftest du aber nicht mit nach Hause nehmen, also haben wir es manchmal rausgeschmuggelt. Meistens haben wir das Geld vorher für Klamotten ausgegeben. Rekorder durften wir nicht einführen, ich habe trotzdem einen durchgeschmuggelt. Ein Theater war das, jetzt lacht jeder darüber.

Viel schlimmer fand ich die Situation am Ende meiner Karriere. Als ich 1988 von den Olympischen Spielen aus Seoul kam und wieder in die DDR einreiste, dachte ich: Jetzt ist Schluss. Du weißt nicht, wann du hier jemals wieder rauskommst. Das war schon eigenartig. Bis dahin konnte ich ja immer fahren und hatte meine Freiheit. Ob ich mit meiner Familie ohne Mauerfall für immer im Osten geblieben wäre, kann ich nicht sagen. Im Juli 1989 allerdings, im Urlaub in Ungarn, als alle vom Balaton in den Westen flüchteten, dachten wir nicht daran. Wir waren fast die Einzigen, die wieder Richtung DDR fuhren.

»Ich hatte ja nicht mal Spielzeug mit«

Denise Badura, Jahrgang 1972, Friseurin, Stuntfrau, lebt in Potsdam (Brandenburg)

Ich bin im Frühsommer 1977, also mit fünf Jahren, in den Westen gekommen. Ich erinnere mich nicht mehr genau an die Situation damals. Wir wohnten in Meißen, und meinem Vater wurde eine Besuchsreise nach Augsburg genehmigt. Weil er Frau und Kind im Osten hatte, ließen sie ihn fahren. Wird ja wiederkommen, dachten sie. Ich saß versteckt in einer Reisetasche hinter irgendwelchen Koffern mit im Zug. Mein Vater hat immer gesagt: »Bleib da, bleib ruhig, es dauert nicht mehr lange.« Als die Zöllner kamen, bin ich komplett in der Tasche verschwunden. Es ging alles gut. Erst die Westbeamten haben mich gefunden und uns aus dem Zug geholt, weil für mich kein Stempel im Visum war. Ich kann mich daran erinnern, wie wir in einem Aufenthaltsraum saßen, wo lauter Mützen an Haken hingen, und wie man meinen Vater überreden wollte zurückzufahren. Er hat immer gesagt, er wolle den Vorgesetzten sprechen. Der war aber auf einer Feier. Wir saßen da vielleicht zwei, zweieinhalb Stunden. Ich habe dort meine erste Cola getrunken, das weiß ich heute noch. Dann sind wir weiter zu den Verwandten nach Augsburg.

Dort fanden wir ziemlich schnell eine Wohnung, mein Vater auch Arbeit. Ich hatte ja nicht mal Spielzeug mit. Ich weiß noch, dass wir an einem Spielsalon vorbeigelaufen sind und ich unbedingt einen Plüschhund haben wollte. Mein Vater hatte so gut wie kein Geld, hat mir den aber gekauft. Das war lange Zeit mein einziges Spielzeug. Bis dann die Päckchen von meiner Omi aus dem Osten kamen.

Bald wurde ich eingeschult. Bevor wir rüber sind, hatte ich noch nicht so ein inniges Verhältnis zu meinem Vater. Er hat damals nach der Arbeit in einer Band Musik gemacht und war nie da. Für mich war er mehr so eine Respektsperson. In Augsburg hat er sich dann aber viel Mühe gegeben, zum Beispiel kochen gelernt. Dafür, dass er eigentlich keine Erfahrung hatte, hat er das gut geschafft mit mir.

Nach zwei Jahren stand meine Mutter plötzlich vor der Tür. Mitten in der Nacht. Sie hatte einen Antrag auf Familienzusammenführung gestellt und an Wehner geschrieben, als es nicht vorwärts ging. Kurz bevor das passiert ist, hatte ich geträumt, dass sie kommt. Genauso war es dann auch. Es klingelte, mein Vater ging runter. Dann hörte man es lachen im Hausflur, und sie stand tatsächlich da. Vor Schock bekam ich erst mal keinen Ton heraus. Ihr ging es ähnlich. Aus dem Mädchen, das sie zwei Jahre zuvor weggegeben hatte, war ein bayerisch sprechender »Junge« geworden. Vorher war ich ziemlich ordentlich gewesen, hatte immer die Schnute hingehalten nach jedem Löffelchen. Wenn ich mich dreckig gemacht hatte, bin ich plärrend nach oben. Und nun war ich genau das Gegenteil. Als Mutti kam, hatte ich kurze Haare, war nur draußen und bin auf Bäumen rumgeklettert. Ich war ständig von Jungs umgeben. Eine beste Freundin hatte ich eigentlich nie. Der Nachbar dachte immer, ich sei ein Junge. »Ihr Bengel hat da wieder Blödsinn gemacht«, hieß es dann. Meine Mutter und ich waren uns deshalb ziemlich fremd, als sie kam.

Bald darauf trennten sich meine Eltern. Ich bin mit meiner Mutter nach Westberlin gezogen. Da war ich in der zweiten Klasse. Die ersten zwei Monate saß ich nur hinten, weil mich keiner verstanden hat. Das rollende R verlor ich dann von einer Sekunde auf die andere. Von da an sagte ich mir: »Keine Dialekte mehr!« In der sechsten oder siebten Klasse kam dann ein anderes Mädchen aus dem Osten in meine Klasse. Die tat mir Leid, weil niemand was mit ihr zu tun haben wollte. Sie saß von Anfang an neben mir. Weil sie vorher kein Englisch gehabt hatte, habe ich ihre Englischarbeiten mitgeschrieben. Zum Teil hatte sie bessere Noten als ich, weil ich mit meiner Arbeit manchmal nicht fertig wurde.

In den Schulferien bin ich regelmäßig aufs Dorf bei Meißen gefahren. Das war immer ein Ereignis, wenn die Westcousine anreiste. Ich kam jedes Mal voll bepackt mit Kaugummis, Schokolade und Strumpfhosen. War halt eine große Familie. Ich habe keinen Unterschied gesehen zwischen den Leuten in Ost und West. Außer vielleicht, dass die Jugendlichen im Osten mehr tranken und die harten Flaschen rumgingen, bis alle voll waren. Das sah man im Westen eher selten. Oder dass sich die Leute vom Dorf anscheinend weniger um sich selbst gekümmert haben. Viele hatten lange Bärte und schlechte Zähne. Aber das fand ich alles spannend und exotisch. Für mich war das toller Kinderurlaub, viel besser, als mit den Eltern nach Spanien zu fahren. Mit 14 durfte ich dann nicht mehr in die DDR, ich war ja Flüchtling.

Berlin hat sich in den letzten 15 Jahren unheimlich verändert. Vor der Wende war alles klein und überschaubar. Westberlin war eine Insel mit vielen Freiheiten, die es nur hier gab. Du musstest zum Beispiel nicht zum Bund, wenn du in Westberlin gelebt hast. Die Szene war unvergleichbar mit der in anderen Großstädten. Wir sind oft an die Mauer gefahren, zu diesen Hochständen. Jetzt kann sich kaum noch einer vorstellen, wie das war.

Ich fühle mich weder als Ossi noch als Wessi. Einfach nur als Deutsche. Nach der Wende hatte ich anfangs den Eindruck, die Ostdeutschen seien weniger oberflächlich. Inzwischen denke ich, viele von ihnen haben den Kapitalismus falsch verstanden. Die denken, es geht darum, andere übers Ohr zu hauen. Das könnte ich nie.

»*Im Kopf hat es nur geknallt*«

Thomas Schediwie, Jahrgang 1954, Radsporttrainer, lebt in Tamm (Baden-Württemberg)

Den »stinkenden, faulenden und parasitären Kapitalismus« habe ich bereits 1978 auf unvorhergesehene Art und Weise kennen gelernt. Zwei Jahre zuvor hatte ich als junger Trainer beim Armeesportklub in Frankfurt/Oder im Bereich Straßenradsport angefangen. Zu meiner Trainingsgruppe gehörten damals Hansi Pohl, Thomas Schnelle, André Kluge und Falk Boden, die später alle Weltmeister bei den Junioren oder teilweise sogar im Männerbereich wurden. Ich hatte selbst zehn Jahre aktiv Radsport getrieben, und mein größter Erfolg war der DDR-Meistertitel im Cross der Jugend, Altersgruppe 14 bis 16 Jahre, aber ich musste wegen »unsoliden Freizeitverhaltens« aufhören. Meine Ambitionen, die ich als Sportler hatte, brachte ich dann nach dem Sportstudium in meine Trainertätigkeit ein. Dass ich als »Disziplintrainer Straße«, so hieß das damals, mit zur Junioren-Weltmeisterschaft 1978 in die USA reisen sollte, kam wie ein Blitz aus heiterem Himmel. Ich hatte die Verantwortung für das 70-Kilometer-Mannschaftsfahren und das Straßeneinzelrennen – ein enormer Druck. Ich war nicht nur jung und unerfahren, sondern auch total blauäugig und glaubte an den Sozialismus. Es gab für mich keinen Zweifel, dass er das bessere System war. Das wollten wir nun auch in Amerika beweisen.

Der Flug ging von Berlin-Schönefeld nach Amsterdam und dann rüber übern großen Teich. Nachmittags kamen wir in New York auf einem Riesenflughafen an, wie ich ihn noch nie gesehen hatte. Alles spielte sich unterirdisch ab, und als wir dann durch das Drehkreuz gegangen waren, empfing uns riesiger Lärm. Autos und Busse, deren Marken ich nicht kannte, und gleich ein paar Prostituierte, Frauen vom absolut Feinsten. Oh, hab ich gedacht, hier musst du dich auf einiges einstellen. Auf so etwas war ich nicht gefasst.

Dann haben wir die Räder in zwei Busse eingeladen und sind in Richtung Allentown gefahren, wo wir in einem leer stehenden Internat untergebracht werden sollten. Als wir aus dem Tunnelsystem am Flughafen rausfuhren und auf die breite Avenue kamen, rollte genau vor uns ein dicker Jumbo über die Brücke. Das war schon ganz schön viel für mein Oberstübchen. Irgendwo unterwegs ging einer der Busse kaputt, und wir mussten komplett umpacken. Der Rest der Delegation, mit Sportlern, Trainern und Funktionären vielleicht 30 Leute, fuhr mit dem funktionierenden Bus weiter. Ich wurde auserkoren, zusammen mit einem Polizeibeamten bei dem Material in dem anderen Bus zurückzubleiben. Der Typ saß da in dem Auto, die Füße auf dem Armaturenbrett, und hat sich mit mir, so gut es mit meinem Englisch ging, unterhalten. Total locker. In der DDR hattest du ja ziemlichen Respekt vor Polizisten. Die Situation dort war ganz anders, sehr angenehm, aber auch ungewohnt, fast befremdlich.

Die Bahnradsportler hatten als Erste ihre Weltmeisterschaftskämpfe. Ich spielte fleißig Chauffeur, fuhr Cadillac und so was. Das war mir jungem Kerl von 24 Jahren natürlich nur recht. Erstaunlicherweise ist es mir damals trotzdem niemals in den Sinn gekommen, in den USA zu bleiben. Bei aller Euphorie und den vielen Eindrücken. Auch später nie. Bis kurz vor der Wende nicht. Zwar nahm meine kritische Einstellung zum Staat von Jahr zu Jahr zu, aber Abhauen war irgendwie nie ein Thema. Ich war viel zu sehr auf meine Aufgabe fixiert und mit meinen Sportlern aufs Engste verbunden. Wir haben Sport und Freizeit geteilt, auch Erfolg und Niederlagen. Das setzte eine Menge Emotionen frei, die uns zusammengeführt haben. Das sind heute mit Abstand betrachtet die stärksten Erinnerungen an meine Trainertätigkeit. Wenn ich mir die Dias ansehe, die ich in den zwei Wochen dort gemacht habe, sind da zu 98 Prozent Fahrräder drauf. Das sagt doch alles.

Natürlich habe ich trotzdem gesehen, wie die andere Welt, die in der DDR immer nur einseitig dargestellt wurde, in Wirklichkeit aussah, vor allem wie leistungsfähig sie war. Darüber wurde bei uns ja nicht geschrieben. Und selbst die, die mit mir draußen waren, sprachen größtenteils nicht darüber. Ich hab irgendwann gesagt: »Seid ihr denn total verrückt?! Wir müssen doch auch mal über die wirtschaftlichen Stärken des so genannten Kapitalismus reden und nicht immer nur über die Penner, die unter den Brücken schlafen.« Aber das kam erst später.

In Allentown konnte ich schon wegen der ganzen Aufregung nur schlecht schlafen. Ich bin immer mal aufgestanden und spazieren gegangen. Dabei traf ich auf dem Uni-Gelände Studenten. Ich war ja selbst fast noch Student. Wir hörten nachts zwischen eins und drei bei denen auf der Bude Schallplatten. Deep Purple, Jethro Tull und solche Sachen, die ja Goldstaub waren bei uns – hier gingen sie damit nicht einmal besonders vorsichtig um. Wir saßen auf dem Boden, machten mit dem Kocher Suppe warm und so. Das war total geil. Im Kopf hat es von früh bis abends nur geknallt.

Am nächsten Morgen sprach mich gleich der Delegationsleiter an, der ja gleichzeitig unser Radsportpräsident war. »Herr Schediwie, wo waren Sie denn heute Nacht?« Der hatte einen Zimmerdurchgang gemacht und mich nicht angetroffen. Ich sagte ihm, ich hätte Kopfschmerzen gehabt und wäre draußen gewesen, was ja auch stimmte. In Zukunft solle ich mich bei ihm melden, wenn ich das Objekt verlasse, ermahnte er mich. Damit war der Vorfall zunächst abgetan.

Beim Training fiel mir auf, wie rücksichtsvoll die Menschen miteinander umgingen. Wir fuhren meist zu zweit nebeneinander. Hinter uns stauten sich die Autos, aber die Fahrer überholten erst, wenn es ungefährlich war, und winkten uns beim Vorbeifahren freundlich zu.

Und diese riesengroßen Ländereien und Häuser haben mich beeindruckt – ohne irgendeinen Zaun – und der Stolz der Amerikaner, die offenbar freiwillig ihre Häuser mit Nationalflaggen schmückten. Da sind schon viele Fragen bei mir aufgekommen.

Später, als wir wieder zu Hause waren, erfuhr ich, dass mich der Delegationsleiter in der Präsidiumssitzung total niedergemacht hatte. Ich sei politisch unzuverlässig und dürfe keine Verantwortung mehr übernehmen. Mich rettete eigentlich nur, dass dieser Depp die Rückreise dilettantisch vorbereitet hatte und der Rückflug chaotisch verlief. Wir mussten früher aufbrechen als geplant. Wir wollten eigentlich noch einkaufen gehen und das Taschengeld ausgeben, denn wir hatten jeden Tag trainiert oder Wettkämpfe bestritten und waren gar nicht zum Einkaufen gekommen. Nur einmal hatte ich versucht, ein gebrauchtes Autoradio zu bekommen, obwohl ich nicht genug Geld dafür besaß. Das war auf einem Autofriedhof an der Trainingsstrecke. Ich bin da in meiner Naivität reinmarschiert und habe geglaubt, dass ich mit einem Abzeichen, einer DDR-Mütze und einem Wimpel vom ASK eines der Radios bekommen würde, die da zu Hunderten gestapelt waren. Der Verkäufer verstand gar nicht, was ich wollte. Der hielt mich für blöd. Ohne Geld ging gar nichts.

Jedenfalls hatte ich in Washington, wo wir in der zweiten Woche wegen der Straßenwettbewerbe wohnten, einen günstigen Jeansladen und einen Plattenladen ausfindig gemacht. Alle freuten sich auf den Einkauf, und dann kommt da plötzlich der Delegationsleiter und sagt: »Alle aufstehen, Räder verpacken, in einer halben Stunde fährt der Bus zum Flughafen.« Er hatte in letzter Sekunde einen Flug von Washington über Montreal nach Amsterdam gebucht. Irgendwie haben wir es geschafft, saßen dann in der Hitze zusammengepfercht in einem dieser amerikanischen Schulbusse und kamen völlig verschwitzt in unseren DDR-Klamotten, also in Anzug, Hemd und mit geschlossenen Schuhen, auf dem Flughafen an. Die Sportler waren total frustriert, trotz ihres Erfolgs: Im Einzelrennen wurde Hubert Denstedt aus Erfurt Zweiter, und die Mannschaft mit Ludwig, Boden, Barth und Smektalla hatte gewonnen. Das waren die Disziplinen, für die ich verantwortlich war. Wir waren die erfolgreichste Nation der Welt und reisten ab wie die Idioten. Nicht mal ein Geschenk konnten wir aus Amerika mitnehmen. Auch vorher waren die Jungs schon sauer, wenn sie nach den Wettkämpfen verständlicherweise Hunger und Durst hatten und sich von ihrem eigenen Geld aus dem Automaten verpflegen sollten. Natürlich ging ein DDR-Sportler damals nicht zum Automaten und holte sich da eine Cola oder ein Sandwich raus, lieber trank man Wasser auf dem Klo. Im Flugzeug nach Montreal dachte ich dann, wir hätten eine Herde Hyänen an Bord. Wie Raubtiere stürzten sich die Jungs auf das Essen. Peinlich, peinlich, peinlich.

Bis Amsterdam ging alles gut, aber dann gab es keinen Anschlussflug. Wir mussten mit dem Bus nach Utrecht und von dort mit einem Interzonenzug nach Westberlin. In Westberlin anzukommen war eigentlich verboten. Das letzte Stück fuhren wir mit der S-Bahn bis Friedrichstraße. Ich war mausetot, nach WM-Stress und 48 Stunden Reise verständlich.

So verlief also meine erste Reise in den Westen – völlig widersprüchlich. Einerseits enorm erlebnisreich, sportlich total erfolgreich, andererseits war mir zum ersten Mal klar geworden, in welchem harten Gegensatz mein Selbstbewusstsein als Mensch zu meinem beruflichen Selbstverständnis stand. Ich konnte mir das damals noch nicht erklären. Diese vollkommene Unsicherheit bei allem, was nicht mit Radsport zu tun hatte. Das fing mit den Fremdsprachen an und ging bis dahin, dass ich nicht wusste, mit wem ich mich unterhalten durfte und mit wem nicht.

Es hat mich im Nachhinein extrem gewundert, dass sie einen wie mich, der gern mal getrunken hat und nicht so korrekt war, nicht gekantet haben. Ein kleines Parteiverfahren, anderthalb Jahre zur Bewährung in den Nachwuchsbereich, mehr hatte ich nicht auszustehen. Selbst die Stasi hat mich über all die Jahre in Ruhe gelassen, obwohl ich bestimmt leicht zu kompromittieren gewesen wäre.

»Der Schnee war auch nicht weißer«

Jens Weißflog, Jahrgang 1964, mehrfacher Weltmeister und Olympiasieger im Skispringen, Hotelmanager, lebt in Oberwiesenthal (Sachsen)

Es war Ende November, Anfang Dezember 1980. Anlässlich eines Trainingslehrgangs bin ich mit der DDR-Nationalmannschaft nach St. Moritz in die Schweiz gefahren. Die Busfahrt war überwältigend, allein schon wegen der Landschaft. Man hat ja unterwegs alles in sich aufgesogen. Die Alpen haben mich beeindruckt. Und natürlich ist mir aufgefallen, dass die Häuser schöner hergerichtet waren als bei uns. Ich erinnere mich noch an den ersten Einkaufsbummel im Coop-Supermarkt in St. Moritz – die Gerüche dort unterschieden sich komplett von denen in einer DDR-Kaufhalle, das ist ja klar. Wir bekamen damals 15 D-Mark Tagegeld, und wenn man anderthalb Wochen dort war, hatte man also ein bisschen Geld zur Verfügung. Hauptsächlich ging es um so was wie Kosmetikartikel, die man mitbringen wollte: ein Stück Seife für die Mutter zum Beispiel. Aber letztlich war das Gras nicht grüner und der Schnee nicht weißer. Man hat ja gesehen, dass es die sozialen Unterschiede tatsächlich gab, die man vom Hörensagen kannte.

Natürlich stand vor der Fahrt nach St. Moritz die übliche Einweisung an, in der gewisse Verhaltensregeln für den Aufenthalt im Westen geklärt wurden. Zum Beispiel durften wir nur zu zweit gehen. Was den Kontakt zu Sportlern aus dem westlichen Ausland betraf, gab es die Anweisung: »Guten Tag und guten Weg« und nicht mehr. Es sollten möglichst keine tiefgründigen Gespräche zwischen ihnen und uns stattfinden. Ich war damals 16 Jahre alt und habe mich erst mal an die Regeln gehalten. Innerhalb des Teams hatten wir Paten, mein Pate war Thomas Meisinger. Zum Einkaufen konnten wir allein gehen. Es ging hauptsächlich darum, niemanden aus den Augen zu verlieren. Hand in Hand mussten wir aber nicht laufen.

Neben dem Training sind wir in St. Moritz auch Alpinski gefahren. Wir hatten die besten alpinen Ski dabei, die es bei uns gab. Mit moderner Marker-Bindung, gebaut von einem privaten Skihersteller, der sehr gute Ski gemacht hat. Die waren zu dieser Zeit in der DDR das Nonplusultra. Wir waren dort also in der Seilbahn, und die Leute guckten uns schon ein bisschen komisch an. Sicher auch wegen unserer Wärmeanzüge. Aber dann sagte einer: »Das sind bestimmt Kaufhaus-Ski.« Geschämt habe ich mich deshalb aber nicht.

Nach diesem Lehrgang fanden in Oberhof auf der Großschanze unsere Ausscheidungswettkämpfe für die Vierschanzentournee statt. DTSB-Präsident Manfred Ewald, der bei solchen Gelegenheiten immer dabei war, legte fest, wer mitfahren durfte und wer nicht. Ich war 1980/81 das erste Mal dabei, zusammen mit Klaus Ostwald, Manfred Deckert und anderen. Damals gab es noch nicht den Medienrummel wie heute, abgesehen von einigen Interviews mit Journalisten. Aber die mussten ohnehin über die Mannschaftsleitung angemeldet werden. Dabei zu sein und die ganzen Orte kennen zu lernen, die man vorher nur aus dem Fernsehen kannte, auch die Schanzen, das war beeindruckend. Schon damals war die Tournee ein besonderes Erlebnis und wegen ihres außergewöhnlichen Flairs der Jahreshöhepunkt.

In Oberstdorf wohnten wir in einer Handelsschule. Leider war bei einem Durchgang ein Springer schwer gestürzt, was man auf die hohen Fersenkeile unter den Schuhen zurückführte, die damals üblich waren und eine besonders gute Position bei der Anfahrt auf der Schanze ermöglichen sollten. Wegen des Sturzes änderte man kurzerhand die Regeln für die Ausrüstung und setzte die maximale Höhe von Fersenteil und Absatz auf sieben Zentimeter fest. Jetzt fingen wir an, in dieser Handelsschule irgendwelche Hölzer zusammenzusuchen und neue Keile zu schnitzen. Wir hatten dann bei der Anfahrt ein völlig anderes Gefühl auf dem Ski. Dementsprechend schlecht waren die Ergebnisse. Ich war natürlich auch unerfahren und konnte mich in den wenigen Trainingsstunden, die uns blieben, nicht auf die neuen Bedingungen einstellen.

Als wir einmal in Oberstdorf vor einem Geschäft standen und uns die Auslagen anschauten, kam einer vorbei und fragte: »Ihr seid doch aus der DDR?« Wir nickten. Daraufhin steckte der Mann uns einen Zehn-DM-Schein zu. Wir hätten das Geld eigentlich nicht nehmen dürfen, haben es aber trotzdem gemacht.

Der Gedanke, dort zu bleiben, kam einem natürlich früher oder später auch. Aber was hätte ich dort machen sollen? Erstens kannte ich niemanden, mein Zuhause war in der DDR. Außerdem haben wir gewusst, dass das westdeutsche Sportsystem nicht effektiv war. Warum sollte ich zu einem System wechseln, das keinen Erfolg hatte? Das waren meine Gedanken. Ich hatte keinen Drang, dorthin zu gehen. Bis dahin war ja die Bundesrepublik im Skispringen absolut erfolglos, und das blieb, von Ausnahmen abgesehen, bis Ende der 80er Jahre so. Sport war damals mein Lebensinhalt und das Einzige, was ich machen wollte. Und die Sicherheit im Sinne von Erfolg konnte mir das System da drüben einfach nicht geben.

»Ein Clown hat keinen Pass«

Steffen Mensching, Jahrgang 1958, Schriftsteller, lebt in Berlin

Wir hatten schon vorher mit unserem Liedertheater »Karls Enkel« immer wieder Einladungen zu Konzerten und Festivals, nach Holland oder Italien, durften aber nie fahren. Auch als ich mit Hans-Eckardt Wenzel allein weitermachte, klappte es nie. Irgendwann, so Mitte der 80er Jahre, hatte Konstantin Wecker die Idee zu einem DDR-Festival in seinem Café in München-Giesing. Da sollten Barbara Thalheim, Gerhard Schöne und wir spielen. Wenzels Pass kam nach einem Riesentheater erst am Vorabend der Abreise. Für den nächsten Morgen hatten wir uns dann mit Gerhard Schöne vor einem Hotel in Neustadt/Orla verabredet; er hatte in Thüringen ein Konzert gegeben. Wir ließen unseren Trabi dort stehen und stiegen zu Gerhard in den Wartburg. Bis zur Grenze war es nicht mehr weit. Der Grenzer sah sich die Pässe an, dann fragte er: »Wer von Ihnen ist Mensching?« Wenzel saß auf dem Beifahrersitz, ich hinten. »Tja, das tut mir ja Leid«, sagte der Grenzer zu mir. »Sie können hier nicht rüberfahren, ihr Pass ist ungültig.« Ich war total irritiert. »Das gibt's doch gar nicht«, habe ich gesagt, »die Künstleragentur hat doch gesagt, wir sollen hier in Hof über die Grenze.« – »Hof?« wiederholte er, »Hof kenne ich nicht. Das hier ist der Grenzübergang Hirschberg.« So hieß der Ort auf der Ostseite, Hof lag ja im Westen. Aber darum ging es gar nicht, wie sich dann rausstellte. »Was soll ich denn nun machen?« fragte ich den Grenzer. – »Sie werden mit dem Zug zurückfahren müssen.« Wir waren total genervt. Dann wieder er: »Haben Sie einen Kugelschreiber mit?« – »Wieso?« – »Ihr Pass ist ungültig, weil er nicht unterschrieben ist.« Das hatte ich einfach vergessen.

An der ersten Abfahrt wollten wir Gerhard Schöne überreden rauszufahren, damit wir uns ein paar Gummibärchen kaufen konnten. Er wollte nicht. Wir hatten, glaube ich, jeder zehn D-Mark dabei. Von Muttern zugesteckt oder so. Honorar sollte es erst nach dem dritten Auftritt geben. Wir spielten noch am selben Abend in München. Wecker war nicht da, aber seine Musiker. Sehr nette Kollegen. »Kommt, lasst uns noch ein Bier trinken«, haben sie gesagt. – »Klar doch.« Wir sind also in irgendeine Bierbar in dieser gelackten, teuren Stadt. Ich weiß nicht mehr, wie viel Bier wir getrunken haben. Peinlich wurde es jedenfalls beim Bezahlen. Wir dachten, die hätten uns eingeladen. Aber die hatten selbst kaum Geld, arme Mugger eben. Wir hielten unsere zehn D-Mark natürlich fest, die hätten sowieso nicht gereicht. Es dauerte ewig, bis die sich geeinigt hatten, wer denn nun für uns bezahlt. Da merkte ich zum ersten Mal, dass etwas wirklich anders ist als bei uns. Wenn wir zusammen getrunken hatten, dann lag am Ende das Geld auf dem Tisch und keinen kümmerte es, wer nun wie viel getrunken oder gegessen hatte. Und hier zahlte jeder einzeln, und keiner wollte für die zwei Ossis was drauflegen.

Oder die Sache mit den Frauen. Wir haben sehr darunter gelitten, dass die uns nicht angeguckt haben. Im Osten war immer irgendein Flirt angesagt. Bei uns konnte man nach dem Konzert jedes Mädchen ansprechen, dort war das gleich Anmache. Das ganze Geschlechterverhalten war komplett anders.

Am nächsten Tag hat uns dann der Erich Schmeckenbecher von »Zupfgeigenhansel« abgeholt. Mit dem sind wir nach Augsburg ins Brecht-Museum gefahren. Das wollten wir sehen. Wichtig waren mir auch die Buchläden. Von unserem Honorar habe ich mir Sartre, Benjamin und Trotzki gekauft, in der Hoffnung, die Bücher dann auch über die Grenze zu bringen. Einen Teil des Geldes durften wir in D-Mark behalten, einen Teil bekam die Künstleragentur, und der Rest wurde in Ostmark umgerubelt.

Die Konzerte waren okay. Die Leute hatten immer zwei Fragen. Erstens: »Das spielt ihr doch nicht zu Hause?« – »Klar«, haben wir gesagt, »genau das spielen wir zu Hause.« Das konnten die sich nicht vorstellen. Und die zweite Frage lautete: »Ihr fahrt doch nicht wieder zurück?« – »Doch, wir fahren wieder zurück.« Wir konnten ja unsere Arbeit machen in der DDR. Die Clownsprogramme waren so eigenständig und so schräg, da ging eben manches, was bei anderen nicht ging. Wir haben im Clownskostüm mit einer kleinen französischen Fahne zur Melodie der Marseillaise gesungen: »Denk ich an Frankreich in der Nacht, dann bin ich um den Schlaf gebracht. Wie würden meine Tränen fließen, wenn sie mich endlich fahren ließen«. Das war eine eindeutige Aussage, aber grotesk vorgetragen. Clowns konnte man nicht als Staatsbürger haftbar machen. Ein Clown hat keinen Pass. Wenn wir wie andere irgendwann ernsthafte Schwierigkeiten bekommen hätten, wäre es womöglich anders gelaufen. Ich habe die Leute, die sich zum Weggang entschlossen, immer verstanden, die von »Renft« zum Beispiel, die ich sehr schätze. Die haben eine bestimmte Grenze ausgereizt, bis es geknallt hat.

Man hätte einfach mehr Leute fahren lassen sollen. Ich meine, wir haben doch gesehen, was im Westen läuft. Wenn auch nicht in der Krassheit wie heute.

»Ich war vielleicht 20000 Westmark wert«

Heiner Schaumann, Jahrgang 1964, Politikwissenschaftler, lebt in Jena (Thüringen)

Ich bin Anfang der 80er Jahre in das Jena der Friedensbewegung reingewachsen. Das hat mich angesteckt, ich habe zum Beispiel den Wehrdienst verweigert. Es hatte auch seinen Preis, weil dir damit Bildungswege abgeschnitten waren. Deshalb habe ich in der Landwirtschaft Traktorfahrer gelernt. Das spielte doch damals keine Rolle, ob du Fensterputzer warst oder Traktorist oder doch etwas studieren konntest. Man definierte sich ja über die gemeinsamen Interessen und den freien Gedankenaustausch. Es war eine schöne Zeit, ich habe sie genossen.

Natürlich war es nicht Teil meiner Lebensplanung, aus politischen Gründen eingesperrt oder zum Märtyrer zu werden. Die Stasi hatte mich schon mehrfach zu Hause abgeholt und verhört. Irgendwann behielten sie mich dort. Der Vorwurf lautete »illegale Verbindungsaufnahme«, nach Paragraph 219, weil ich dem Westberliner Sender RIAS Berlin aktuelle Informationen geliefert hatte über Leute, die in Jena verhaftet worden waren, über durchgeführte und geplante Demonstrationen und darüber, was die Stasi wieder angestellt hatte. Es kam damals fast jeden Abend etwas über Jena in den Westnachrichten.

Nach zwei Monaten Stasi-U-Haft in Gera – ich saß in der gleichen Zelle wie zuvor Roland Jahn, einer der Väter der Jenaer Friedensbewegung – wurde mir der Prozess gemacht. Mein Verteidiger war bei der Staatssicherheit, wie sich später herausstellte. Damit wir angemessen verteidigt wurden, bezahlte die Bundesregierung den Rechtsbeistand übrigens mit Westgeld. 19 Monate lautete das Urteil, das war eigentlich noch milde.

Im September 1983 kam ich dann in die Strafvollzugsanstalt Naumburg. Eingeteilt waren wir in »Kommandos«. Das hatten sie, wie so vieles, aus der Nazisprache übernommen. Als »Brigadiere« für die politischen Gefangenen dienten Berufsverbrecher, so genannte BVer. Kriminelle also, die langjährige Haftstrafen absaßen, sich in den Zuchthäusern auskannten und mit der Knastverwaltung zusammenarbeiteten. Man hatte sich an Regeln zu halten. »Politische« haben ihre Norm bei der Zwangsarbeit in der Regel mit 100 Prozent erfüllt. Kein Prozent mehr. Bei den Kriminellen war das anders. Die waren auf Coupons aus. Damit konnten sie mehr Kuchen oder Zigaretten kaufen. Das spielte bei uns keine Rolle. Wir wollten nur nach Hause.

Uns »Politische« überkam oft ein merkwürdiges Gefühl, wenn wir durch die Gitter oder die Glasbausteine rausschauten, um zu sehen, was draußen los war. Da war klar: Wir sind hier im kleinen Knast und die draußen im großen. Das machte die Situation erträglich. Wir sagten uns: »Leute, draußen ist es doch kaum anders. Die können zwar ein paar Kilometer mit dem Auto fahren, aber dann kommt irgendwann die Grenze.«

Einmal im Monat durfte ich für eine Stunde Besuch bekommen. Als politischer Gefangener hatte man die Hoffnung, in den Westen abgeschoben zu werden. Vor der Zwangsarbeit gab es immer Zählappelle. Alle, die aufgerufen wurden, mussten den Appellplatz verlassen. Ein paar blieben manchmal stehen. Die hatten das große Glück, dass sie auf den »Transport« kamen, wie es hieß – mit dem Gefängniswagon der Reichsbahn, dem so genannten Grotewohl-Express, oder einem Häftlings-B-1000 nach Chemnitz in die Abschiebehaft. Dort begann dann die heiß ersehnte Ausreise.

Ich bin im Mai 1984 dran gewesen. Immer nach der Leipziger Messe im Frühjahr und im Herbst schien sich mehr zu tun. Da wurden dann Tauschgeschäfte gemacht. Die offizielle Sprachregelung für die Häftlingsfreikäufe lautete ja, die DDR lässt sich die Kosten der Ausbildung erstatten. Da gab es bestimmte Pauschalen. Ich war vielleicht 20000 Westmark wert, ein Arzt brachte natürlich viel mehr ein.

In der Abschiebehaft in Chemnitz trafen Leute aus den Zuchthäusern in Cottbus, Brandenburg oder Bautzen zusammen. Da habe ich begriffen, dass es mir noch relativ gut gegangen war. Es gab ganz andere Geschichten als meine. Leute, die sieben Jahre gesessen oder die jahrelang ihre Frau nicht gesehen hatten. Die Frauen hatten sie teilweise auch eingesperrt, weil sie gegen die Verhaftung ihrer Männer protestiert hatten. Die Kinder wurden vom Staat zwangsadoptiert. Ich hatte damals keine Verantwortung für eine Familie. Ich konnte die Haft relativ glimpflich überstehen.

Im Stasiknast in Chemnitz wurden die ganzen Formalien geregelt. Scheidung, Eigentumsübertragung und so was. Man wurde ja aus der Staatsbürgerschaft entlassen. Ein paar Tage lang war man staatenlos. Vor der Ausreise wurden wir aufgepäppelt. Es gab Vollwertkost, sogar richtiges Fleisch. Die meisten nahmen innerhalb weniger Tage zu und sahen nicht mehr so abgemagert aus.

Ein bewegender Moment war der, als ich meine Zivilklamotten wiederbekam, die ich im Jahr zuvor bei meiner Verhaftung getragen hatte. Im Zuchthaus hatten wir die alten Uniformen der Kasernierten Volkspolizei an, mit gelben Streifen darauf, damit man uns erkannte. Mit den eigenen Klamotten am Körper hast du dich wieder als Mensch gefühlt.

Je nachdem, wie sich der innerdeutsche Häftlingsfreikauf gestaltete, fuhr mehrmals pro Monat ein Westreisebus mit Gießener Kennzeichen auf den Gefängnishof. Der Fahrer des Busses, mit dem ich und andere runtergebracht wurden, stellte sich nach der Abfahrt mit Namen vor: »Guten Tag, ich grüße Sie. Mein Name ist so und so.« Das gab's ja vorher nicht. Die Wärter haben dich wie ein Tier behandelt. »Wir fahren jetzt Richtung Grenze«, sagte der Fahrer. Begleitet wurden wir von Anwalt Wolfgang Vogel. Der fuhr tatsächlich in seinem Mercedes mit Ostberliner Kennzeichen im Konvoi mit. Es waren damals zwei Busse. In einem saßen die ebenfalls inhaftierten Ehefrauen einiger Gefangener, die am gleichen Tag ausreisen durften wie ihre Männer. Es gab aber auf DDR-Gebiet noch kein Wiedersehen zwischen ihnen, das konnte erst hinter der Grenze stattfinden.

Wir fuhren die Autobahn entlang, an meiner Heimatstadt Jena vorbei. Alles war grau in grau. Ich hatte längst abgeschlossen mit dem Osten. Wir saßen im Westbus, die Erschütterungen der alten Zonenautobahn hast du kaum wahrgenommen, es duftete gut im Bus. Die Autobahnbrücke über die Werra, die der Westen später baute, die existierte damals noch nicht. Wir mussten also hinter

Eisenach abfahren, ins Werratal runter. Vor der Grenze hielt der Bus an, und Wolfgang Vogel persönlich kam rein. »Sie sind entlassen aus der DDR-Staatsbürgerschaft«, sagte er und gab Empfehlungen, »dringende Empfehlungen«. Wir sollten keinen Ärger machen mit irgendwelchen Aktionen an der Mauer oder an der Grenze. Offensichtlich hatte man in der DDR Angst davor. Außerdem gab er uns den Tipp, Bekannte oder Verwandte aus der DDR in Prag oder Karlsbad oder auch Budapest zu treffen. Wir hatten ja alle DDR-Einreiseverbot. Als meine Großmutter ein paar Jahre später in Gera starb, durfte ich nicht mal für einen Tag zur Beerdigung.

Für unseren Bus öffnete sich an der Grenze ein großes Blechtor. Wir rollten langsam durch eine Schleuse und waren im Westen. Dann fuhr der Bus wieder hoch zur Autobahn bis zu einem Rasthof. Dort stand Verpflegung von einem Hilfswerk bereit: Brötchen mit viel Luft, die ja nach der Wende jeder kennen gelernt hat. Die Leute waren nett. Das fiel uns besonders auf. Dass man wieder wie ein Mensch behandelt wurde! Auf dem Parkplatz trafen dann auch endlich die Männer mit ihren Frauen aus dem anderen Bus zusammen. Sie lagen sich in den Armen und waren überglücklich. Das war auch für mich als Beobachter ein sehr bewegender Moment.

Ich habe immer wieder gedacht: Jetzt bist du endlich frei. Das Schöne daran war, dass ich nicht nur auf Verwandtenbesuch im Westen war. Es sollte alles so bleiben. Es gab kein Zurück mehr.

Wir sind in das Aufnahmelager Gießen gekommen. Dort wurde man als ehemaliger Zuchthäusler bevorzugt behandelt. Man kam sofort zum Arzt, es gab einen richtigen Gesundheitscheck. Das war bei vielen auch sehr notwendig. Ich hatte zum Beispiel ganz verschlissene Hände von der Zwangsarbeit. Die bluteten täglich. Es dauerte Wochen, bis sie geheilt waren. Dann gab es die Erfassung beim Arbeitsamt und bei diversen anderen Behörden. Drei Tage blieb ich in dem Lager. Man bekam eine Bahnfahrkarte mit freier Zielwahl und 100 D-Mark zur sofortigen Verfügung. Die brauchte man auch dringend, weil man zu Hause anrufen wollte. Oder einen Kaffee oder ein Bier trinken. Das hatten viele Leute ja jahrelang nicht mehr gemacht.

Ich hatte Verwandte bei Stuttgart. Da bin ich hingefahren. Sie haben mich sehr herzlich aufgenommen. In Freiburg im Breisgau fand ich eine Schule, wo man mit abgeschlossener Berufsausbildung in zwei Jahren Abitur machen konnte. Über Nacht hatte ich 20 gleichaltrige Klassenkameraden, mit denen ich viel gemeinsam machte. Ich war sofort integriert. Als »Zoni« war man interessant, auch für Lehrer. Die alten 68er waren inzwischen Studienräte. Die kannten sich sehr gut mit Frankreich und Italien aus, aber dass es neben Halle in Westfalen noch eins in Sachsen-Anhalt gibt, wusste kaum einer. Insofern gab es ein geradezu exotisches Interesse an mir. Viele haben meinen Geschichten sehr ungläubig zugehört. Die dachten, ich will die Zustände in der DDR absichtlich herabwürdigen. Marxismus war für manche im Westen eine tolle Weltsicht, die dringend ausprobiert werden musste. Das gehörte genauso dazu wie Marihuana auf dem Balkon.

Später studierte ich Politikwissenschaft und Wirtschaftspädagogik und hatte neben dem Studium einen guten Job. Meine ursprüngliche Sozialisation, dieses Gemeinschaftsgefühl, den Kollektivgeist habe ich nie abgelegt. Im Westen dachte ich oft: Was sind das eigentlich für Menschen? Im Grunde sehr, sehr nett, aber die verhielten sich nur in ihrer Freizeit so wie Ossis. Da wurdest du sofort geduzt, warst einer von denen, wurdest auch eingeladen, und abends gab es Gegrilltes. Aber tagsüber eine völlig andere Welt. Ich habe immer gedacht, die stehen früh vorm Spiegel und setzen sich eine Maske auf. Aber das hat natürlich mit der grenzenlosen Freiheit und der Achtung vor dem Individuum zu tun. Ich habe lange darüber nachgedacht. Es geht wahrscheinlich nicht anders.

Als überraschend und angenehm habe ich die im Vergleich zum Osten sehr geringe Präsenz von Uniformen im Straßenbild empfunden. Als ich bei einem Besuch in Berlin-Kreuzberg die ersten Mai-Krawalle der Autonomen miterlebte, wurde mir klar, dass im Westen das Gewaltmonopol des Staates auf dem Spiel stand.

Besonders betrübt hat mich der geringe Stellenwert von Kindern in der Gesellschaft. Das war im Vergleich zum Osten ein ziemliches Kontrastprogramm. Ich habe mich gefragt, weshalb man für einen der wenigen Kindergartenplätze im Westen Geld bezahlen musste, aber kostenlos 20 Semester Soziologie studieren konnte.

Ich wäre bestimmt in Baden-Württemberg geblieben, wenn nicht die Mauer gefallen wäre.

»Wir sind anders groß geworden«

Olaf Hirsch, Jahrgang 1965, Kneipeninhaber, lebt in Jena (Thüringen)

Der Hauptauslöser, nach drüben zu gehen, war der Ärger bei der Armee. Wenn man gewisse berufliche Ziele verfolgen wollte, waren drei Jahre Wehrdienst die Voraussetzung dafür. Man hatte keine andere Wahl. Und ich wollte schließlich auf die Fachschule für angewandte Kunst in Schneeberg. Also habe ich mich auf drei Jahre verpflichtet.

Während der Armeezeit habe ich mich für das Studium beworben, aber es klappte nicht. Es gab nur wenige Studienplätze – zehn oder fünfzehn – und Kunst und solche gestalterischen Sachen zu studieren war ein Privileg und normalerweise den »Kindern von …« vorbehalten. Ich dachte: Gut, dann musst du die Zeit irgendwie nutzen, dann fährst du zur See, macht ja auch nicht jeder. Mit meinem Beruf – ich hatte Maschinenanlagenbau gelernt – hätte das gut gepasst. Aber auch daraus wurde nichts, weil ich inzwischen als Geheimnisträger eingestuft worden war und das Land für vier oder fünf Jahre nicht verlassen durfte, zumindest nicht in Richtung »kapitalistisches Ausland«. Dummerweise beantragte dann mein Vater im letzten halben Jahr meiner Armeezeit seinen Austritt aus der SED, und damit waren meine Pläne gestorben. Als ich im Frühjahr 1986 von der Armee zurückkam, ging mir alles maßlos gegen den Strich, aber wirklich alles. Da genügte das Bier, das drei Tage, nachdem du die Flasche gekauft hattest, schlecht war. Dementsprechend hat sich mein Freundeskreis zusammengesetzt, viele tendierten zur Ausreise. Man suchte sich eben Gleichgesinnte, obwohl das sehr schwierig war. Du wusstest ja nie: Denkt der jetzt wie du, oder ist er ein Spitzel?

Noch im Sommer 1986 habe ich meinen Ausreiseantrag gestellt. Ich habe meinen Antrag plus Rückschein für das Ministerium des

Innern auf die Hauptpost getragen, und die Postfrau schmunzelte und wünschte mir »Viel Glück«. Sie hatte die Adresse gesehen und wusste Bescheid. Ein Jahr lang hörte ich nichts von dort.

Nach meiner Antragstellung wurde ich auch aufs Wehrkreiskommando bestellt. Ein Oberstleutnant kam in den Raum, und ich wurde vom Unterleutnant der Reserve, der ich seit meiner Entlassung war, zum Soldaten degradiert. Er nahm mir den Ausweis ab, nannte mir aber keine Begründung. Für mich war klar, die wissen von meinem Ausreiseantrag. Aber ich fragte ihn trotzdem: »Können Sie mir das auch begründen?« Und er sagte: »Werden Sie nicht frech, Sie wissen ganz genau, worum es hier geht. Wir können auch ganz, ganz anders! Verlassen Sie den Raum.«

Monatlich erhielt ich außerdem eine Karte, mit der ich aufs Amt musste. Dort versuchte man, mich mit plumpen Mitteln umzustimmen. Wenn ich Wünsche hätte, hieß es, wäre das gar kein Problem. Sie meinten die ganz banalen Sachen wie Waschmaschine oder Auto. »Das können wir doch alles lösen!« Immer drei Leute saßen im Zimmer, dazu die Standardschrankwand und Honecker- und Stoph-Bilder an der Wand, die Tische waren zum U gestellt. Einer saß an der Stirnseite und zwei an der Seite, und alle hatten so einen kleinen Block mit einem Stift und kritzelten irgendetwas, taten geschäftig und fragten mich immer wieder dasselbe: »Warum, wieso, weshalb?« Einmal, als einer von denen auf Toilette gegangen war, konnte ich sehen, was er auf seinen Block gemalt hatte: die klassischen Strichmännchen!

Ich war nicht grundsätzlich gegen den Staat und gehörte eher zu denen, die sich der Staat erst zu Feinden gemacht hatte. Ich denke, es stimmt, dass die meisten von denen, die rübergegangen sind, wiedergekommen wären, wenn man sie vorher hätte reisen lassen. Es war ja wirklich vor allem dieses Eingesperrtsein, was das Leben in der DDR so schwierig machte. Warum kann ich nicht reisen, wohin ich möchte, wenn ich es mir leisten kann? Ich war nicht in der Partei und auch kein politischer Mensch, das wurde ich erst während der Armeezeit. Als Hauptfeldwebel musste ich auch Protokolle von den Parteigruppensitzungen schreiben. Diese Versammlungen waren die reinsten Märchenstunden. Man hätte Formulare vordrucken können, denn in den Berichten hatte mit kleinen Abweichungen immer dasselbe zu stehen: Was sie wieder alles erreicht hatten. Das hätten auch Formulare sein können. Fürchterlich! Während eines SED-Parteitags musste ich tatsächlich Zeitungsausschnitte abschreiben: »Lang anhaltender, euphorischer Beifall der Genossen« ... »von Zwischenrufen und Hochrufen unterbrochener Beifall« und ähnlicher Schwachsinn. Das hat niemanden interessiert, und mich hat es unendlich genervt. Außerdem kam die Angst dazu, wenn du jemanden kennen gelernt hast: War der dir nun wohl gesonnen oder wollte er dich nur aushorchen? Diese Ungewissheit: Kannst du jetzt wirklich reden oder bespitzelt dich jemand? Das hat viel Schaden angerichtet.

An einem Samstag erhielt ich dann wieder mal eine Karte, diesmal eine orangefarbene – vorher waren immer blaue gekommen. Darauf wurde mir mitgeteilt, wann ich mich auf dem Amt einfinden müsste, um den Laufzettel in Empfang zu nehmen, den man vor der Ausreise abarbeiten musste. Auf diesem Zettel standen alle Einrichtungen, mit denen man als DDR-Bürger zu tun hatte: Staatsbank, Versicherung und so weiter. Überall musstest du dich abmelden. Man hatte 14 Tage Zeit, den Zettel wieder abzugeben. Von da an musste ich mich »reisebereit« halten. Das hieß: Taschen packen, Wohnung ausräumen. In der letzten Zeit schlief ich auf einer Matratze auf dem Fußboden, wie der letzte Penner, und musste alle 24 Stunden damit rechnen, dass es losging. Irgendwann kam dann die letzte Karte, das war schon 1987, auf der stand der Tag der Ausreise. Am Tag davor war ich für neun Uhr auf das Amt bestellt worden. Dort wurden mir meine Unterlagen ausgehändigt: die Aberkennung der Staatsbürgerschaft, die Genehmigung zur einmaligen Ausreise und der vorläufige Reisepass. Eigentlich hatte ich keine Angst, dass noch irgendetwas schief gehen könnte. Was hätte noch passieren sollen? Ich hatte mit allem in der DDR abgeschlossen. Ich musste zwar eine Freundin, aber keine Kinder zurücklassen, meine Eltern blieben halt im Osten.

Meine Freunde standen am nächsten Morgen parat, der Zug fuhr kurz nach elf Uhr ab, von Weimar nach Gießen, wo das Auffanglager war. Es ging zu wie bei einer Familienfeier – Blumen, Tohuwabohu. Bestimmt standen auch ein, zwei Stasileute auf dem Bahnsteig rum, die das ganze Geschehen beobachteten.

Die Zugfahrt verlief problemlos bis zur Grenze in Gerstungen. Die DDR-Zöllnerin nahm mich und mein Gepäck allerdings vollkommen auseinander. Sie kontrollierte sämtliche Tascheninhalte und verglich sie mit den Inhaltsverzeichnissen, dazu auch das, was du am Körper getragen hast – ob Ring, Ohrring, Kette, einfach alles. Ich durfte mich nicht bewegen, nicht aus dem Fenster schauen, hörte, wie die Wandverkleidungen im Waggon abgebaut wurden, Hunde auf dem Zugdach entlangliefen, auch unter dem Zug – das dauerte eine Stunde. Dann wurde die andere Lok angekoppelt. Der Bundesgrenzschutz war anschließend ziemlich locker: Hut auf halb acht, Koppel sonst wo hängend, Hände in den Taschen begrüßten die mich ganz leger, fragten mich, was ich von Beruf sei, sagten, es wäre gar kein Problem, Arbeit zu finden, und wünschten mir alles Gute. Anschließend kamen zwei Damen vom Malteser-Hilfsdienst und verteilten Kaffee und Kuchen, auch Zeitschriften.

In Gießen bin ich raus aus dem Bahnhof und auf den Vorplatz. Auf der rechten Seite hatte ein Obsthändler seinen Laden, ein Türke oder ein Inder. Alles war unglaublich bunt! Früchte ohne Ende … Ich war mir gar nicht sicher, ob man all die merkwürdigen Dinge, die da lagen, überhaupt essen konnte.

Mit meinen zwei Taschen und meinem Rucksack kam ich dann im Aufnahmelager an. Es folgte das ganze Procedere – Aufnahmeformulare ausfüllen, noch eins und noch eins. Es gab Spenden von der Bevölkerung – Bekleidung, Essen, Sanitärartikel, Zahncreme, alles Mögliche. Die Beamten vom Bundesnachrichtendienst fragten nach meiner Armeezugehörigkeit. Das Kuriose war, dass sie nickten und mir zustimmten, als ich meinen Dienstgrad nannte. Die wussten genau, was ich alles gemacht hatte. Die Kontrolle hat funktioniert – auf beiden Seiten.

In den ersten 14 Tagen habe ich keine Erleichterung gespürt. Man hat sich zwar gesagt: »Ich habs geschafft, ich bin erst einmal raus!«, aber es waren ja noch so viele Dinge zu tun und zu organisieren – Wohnung, Behördengänge. Da bist du gar nicht großartig zum Nachdenken gekommen. In dem Übergangslager waren sechs Leute auf einem Zimmer. Du hast mit deinen Taschen auf dem Bett gesessen und gewartet, dass dich jemand abholt. So richtig zur Ruhe gekommen bin ich erst, als ich angefangen habe zu arbeiten.

Zwischendurch war ich noch einmal bei diesem Obsthändler am Bahnhof. Ich hatte mein erstes Geld und wollte mir unbedingt eine Kokosnuss kaufen und sie so aufmachen, wie ich es in einem Film gesehen hatte – ich wollte sie aufdrehen. Aber es ist mir einfach nicht gelungen, weder rechtsrum, noch linksrum, noch seitlich, noch hochkant oder quer. Ich habe sie dann kurzerhand zerschlagen und Wunder was erwartet ... eigentlich hat sie so was von schrecklich geschmeckt! Aber das war auch mit Sicherheit nicht der Grund, weswegen ich rüber bin.

Von Gießen aus bin ich dann mit dem Zug nach Rastatt an der französischen Grenze gefahren, denn ich wollte nach Baden-Württemberg, weil dort Verwandte von mir wohnten. Eine Fahrkarte konnte man sich mit einem Berechtigungsschein holen. In Rastatt gab es Spendengeld von der Bevölkerung, in Gießen hatte ich schon eine Art Begrüßungsgeld in Höhe von 250 D-Mark bekommen.

In Rastatt fing ich als Handlanger in einer Fenster- und Türenfabrik an. Ich war nicht der Einzige aus dem Osten. Wir sind dort wirklich herzlich aufgenommen worden. Vielleicht ein bisschen wie Exoten, weil die Leute im Schwarzwald ja nun gar keine Ahnung vom Osten hatten.

Bei der Einweisung in meinen ersten Job in der Montage hat man mir die verschiedenen Werkzeuge erklärt, unter anderem auch einen Zollstock. Ob ich wüßte, was das sei, fragten sie mich. Ich habe gesagt: »Nee, wir hatten im Osten einen Strick, und nach 'nem Meter kam ein Knoten.« Die haben den Witz fast nicht verstanden.

Nach und nach arbeitete ich in verschiedenen Bereichen, drückte zwischendurch die Schulbank, kam schließlich zur Verkaufsabteilung und war zwei Jahre als Verkaufsleiter in Frankreich für das Europageschäft der Firma zuständig. Ich habe eine Menge gelernt, und meine Motivation war groß. Ich wollte mir selbst etwas aufbauen, und das hat ganz gut geklappt. Außerdem hatte ich ein Ziel: Ich war leidenschaftlicher Motorradfahrer und wollte mir nach einem Jahr eine Maschine kaufen. Als ich sie hatte, war ich so was von stolz, das kann man gar nicht beschreiben. Eine Yamaha, ein Traum und bezahlt! Mit dem Motorrad bin ich dann Weihnachten 1990 das erste Mal heimgefahren. Meine Mutter hat vor Schreck ihr Putzzeug fallen lassen, als ich auf den Hof fuhr.

Schon 100 Meter hinter der Grenze, die man ja damals noch deutlich sehen konnte, hatte ich das Gefühl, zu Hause zu sein. Drüben war es sehr schwer, Anschluss zu finden – man hielt zwar auf Arbeit zusammen, aber darüber hinaus nicht. Es gab knallharte Grenzen. Aus dem Werktor raus und du warst für die Leute gestorben. Wir sind anders groß geworden, und in Thüringen war das Vertraute. Die Heimat, die Freunde, die Familie. Wenn ich heute in Jena durch die Gassen gehe, weiß ich, hier habe ich meine erste Zigarette geraucht, die ich von meinem Vater geklaut habe, dort an der Ecke habe ich meine erste Freundin geküsst. Diese vielen kleinen Erinnerungen.

Das Geld für die Kneipe, die ich mir nach meiner endgültigen Rückkehr in Jena gekauft habe, habe ich mir im Westen erspart. Ich war sehr sparsam, ich wusste ja nicht, was noch kommt. Ich habe viel aus der Zeit im Westen aufgehoben, zum Beispiel eine Kaffeemaschine von Moulinex, die ich mir bei meinem ersten großen Kaufhausbesuch bei Karstadt für 15 D-Mark gekauft hatte. Auf die war ich mächtig stolz.

Als ich drüben war, mochte ich dieses Gefühl, durch irgendeine Stadt zu laufen und zu merken, niemand nimmt von mir Notiz. Du warst ja in der DDR daran gewöhnt, immer ein bisschen beobachtet zu werden. Nun war ich auf einmal frei. Niemanden hat es interessiert, ob du im Dreieck springst. Dieser kleine Schritt in die Freiheit, der war einfach schön.

Ich habe meine Ausreise nie bereut und dadurch eine Menge gelernt – mit Menschen umzugehen, mich allein durchzubeißen. Was es heißt, nichts zu haben außer zwei Taschen.

»*Ich brauchte erst mal einen Schnaps*«

Lothar de Maizière, Jahrgang 1940, Rechtsanwalt, lebt in Berlin

1986 wurde ich Vizepräses des Bundes Evangelischer Kirchen in der DDR, und es war üblich, dass jedes Jahr ein Mitglied der EKD-Synode aus dem Westen eingeladen wurde und umgekehrt einer von uns rüberfuhr. Wir haben das auch deshalb ein bisschen umschichtig gemacht, damit jeder mal die Chance einer Westreise bekam. 1987 fiel die Wahl auf mich. Das hing auch ein wenig mit dem Thema der damaligen Tagung zusammen: Es ging um Invitro-Fertilisation und ethische Verantwortung, damit hatte ich mich beschäftigt. Ich hatte eigentlich gehofft, in den Genuss schöner westdeutscher Landschaften zu kommen, aber die Synode fand in Westberlin statt. Die Reise brachte mich also keine 20 Kilometer weg von meinem Wohnort. Trotzdem war Westberlin für mich ein Ort, der viel weiter entfernt war als zum Beispiel Prag. Nach Prag durfte ich fahren, in vier Stunden war man da.

Nun durchlief ich das Ausreiseprocedere am Bahnhof Friedrichstraße, wie es jeder andere auch hätte durchlaufen müssen, und als ich drüben war, sprach mich als Erstes ein Spandauer an und beklagte sich über die Eingemeindung Spandaus durch Berlin im Jahre 1920. Und ich sagte ihm: »Wären Sie nicht eingemeindet worden, dann wohnten Sie heute als Bürger der DDR in einer kreisfreien Stadt.« Da fiel ihm die Kinnlade runter.

Natürlich war auch ich geschockt, als ich plötzlich dort in diesem Westberlin stand. Um ehrlich zu sein, brauchte ich erst mal einen Schnaps.

Ich habe nach meiner Ankunft kurz überlegt, zum Verwandtenbesuch nach München zu fliegen, aber die Flüge von Westberlin in die Bundesrepublik wurden kontrolliert, und die Listen waren für alle Besatzungsmächte einsehbar, auch für die Sowjets. Ich hätte mich strafbar gemacht, wenn ich den vorgegebenen Ablauf dieser kirchlichen Dienstreise verletzt und mich abgesetzt hätte, und nach meiner Rückkehr in die DDR hätte ich meine Zulassung als Anwalt sofort verloren.

Im Verlauf der Tagung fragte man mich als Delegierten der Evangelischen Kirche der DDR, was ich von einer finanziellen Unterstützung für die Sanierung der Jerusalemer Grabeskirche hielte, und zwar in Höhe von 2,5 Millionen Westmark. Ich sagte, dazu kann ich mich nun gar nicht äußern, weil der Gesamtetat unserer Synode nicht mal diese Summe ausmacht, und das in Ostmark. Ich konnte mir also überhaupt nicht vorstellen, dass man so viel Geld zur Sanierung einer Kirche beisteuern würde, die noch nicht einmal im eigenen Land steht. Ich hatte ohnehin das Gefühl, dass innerhalb der Kirche in Westdeutschland viel mehr geschäftsmännisches Gebaren auf der Tagesordnung stand, als das bei uns der Fall war, und dass das Verständnis von Kirche natürlich auch ein anderes war: eher im Sinne einer Volkskirche, wovon die Kirche in der DDR durch die gesellschaftlichen und politischen Umstände ja weit entfernt war.

Ich blieb fast eine ganze Woche in Westberlin und machte in dieser Zeit auch Ausflüge in verschiedene Stadtteile. Zum Bonhoeffer-Haus in Charlottenburg bin ich gegangen und nach Kreuzberg. Ich bin meinen alten Schulweg abgelaufen, und das war schon auch mit nostalgischen Gefühlen verbunden. Ansonsten musste ich darüber nachdenken, was ich meiner Frau und meinen Kindern von dieser Reise mitbringen wollte. Ich hatte einen Zettel dabei, auf dem einige Wünsche standen. Von der Kirche hatte ich Spesen bekommen, und davon kaufte ich unter anderem einen »Pelikano«-Füller für meine Tochter. In ihrer Klasse gab es einen Jungen, der hatte aus Wut darüber, dass er keinen solchen Füller besaß, gut ein Dutzend Füller seiner Mitschüler zerbrochen. Beim Elternabend habe ich dann gesagt, dass ich ihm einen mitbringen werde. Und das habe ich auch gemacht.

Was mich wirklich schockte bei meinen Spaziergängen, waren die komplett sanierten Straßenzüge. Keine kaputten Dachrinnen, nichts, alles war geradezu umfassend durchgestylt. Das schmerzte zum Teil auch, weil ich daran denken musste, dass bei uns höchstens mal ein Gebäude renoviert wurde, aber alle anderen rundherum dann immer noch grau und sanierungsbedürftig aussahen. Bei manchen Dingen, die man im Westen während solcher Renovierungen ersetzt hatte, dachte ich aber: Wir hätten das repariert. Es war also auch die Art des Überflusses, die mich irritierte. Als ich zurückkam, habe ich ganz klar gesagt: »Wir können noch 20 Jahre versuchen zu sanieren und aufzubauen und sind immer noch nicht so weit wie die.«

Aber mir ist nicht in den Sinn gekommen, im Westen zu bleiben. Erstens hatte ich meine Familie in der DDR, zweitens betreute ich damals juristisch schon viele DDR-Bürger, die Ausreiseanträge gestellt hatten. Für mich war die DDR der Ort, wo wir etwas verändern wollten. Dazu kam etwas Familiäres – mein Vater hat immer gesagt: »Brandenburg ist das Land, das uns vor 300 Jahren Asyl gewährt hat, und hier gehen wir nicht fort, dieses Land lassen wir nicht im Stich.«

»Eigentlich wollte ich nie ausreisen«

Peter Gläser, Jahrgang 1949, Musiker, Komponist, Produzent, Texter, lebt in Leipzig (Sachsen)

Die Gruppe »Renft«, in der ich gesungen und Gitarre gespielt habe, wurde 1975 verboten wegen angeblicher Diffamierung der Arbeiterklasse. Das war übrigens die gesellschaftliche Klasse, die uns am meisten mochte. Wir waren zum Politikum geworden, weil wir uns vom Staat nichts gefallen ließen. Wir wollten den kulturpolitischen Vorschriften nicht folgen, haben unser eigenes Ding gemacht und sind deswegen auch pausenlos angeeckt. Eigentlich wollten wir anfangs bloß aus drei Gründen auf die Bühne: Sex, Drugs and Rock'n Roll. Und wir hatten enorm viel Freude am Spielen.

Es gab zwei Lieder, die vermutlich Anlass waren für das Verbot. Eins sprach das Thema Republikflucht an. Unser Sänger Thomas Schoppe las den Text immer vor, erst dann spielten wir den Titel. Die Anlagen waren schlecht, und man verstand bloß die Hälfte. Aber wir wollten natürlich, dass man den Text versteht. Am Ende kannte ihn jeder. Bei diesem Lied gaben sich die Offiziellen noch ein wenig kompromisslerisch. Dann war da noch das Lied »Glaubensfragen«, in dem wertfrei drei Fragen in den Raum gestellt wurden: Woran denkt der, der zur Fahne geht? Woran denkt der, der zur Fahne geht, aber nicht mit der Knarre in der Hand, sondern als Bausoldat mit dem Spaten? – Einen Wehrersatzdienst gab es ja in der DDR nicht. Und die dritte Frage lautete: Woran denkt der, der das völlig ablehnt und lieber in den Knast geht?

Wegen dieser beiden Lieder drehten sie uns im September 1975 den Hahn zu. Wir hatten mit »Renft« auch nie im Westen gespielt. Ein einziges Mal fuhren wir zu einem Auftritt nach Polen.

Im Zusammenhang mit den Protesten gegen die Ausbürgerung von Wolf Biermann wurden meine Band-Kollegen Gerulf Pannach und Christian Kunert eingesperrt und verhört. Man stellte sie 1977 vor die Alternative, entweder innerhalb von 14 Tagen in den Westen zu gehen oder wegen staatsfeindlicher Hetze verurteilt zu werden. Sie hätten mit fünf Jahren rechnen müssen. Unter diesen Umständen entschieden sie sich für den Westen.

Ich habe hier zusammen mit einem »Renft«-Kollegen die Gruppe »Karussell« gegründet und weitergemacht. Wir beide waren sowieso diejenigen, die sagten, es muss auch hier gehen. Das ging auch noch ein Weilchen gut, aber dann driftete die Interessenlage zwischen mir und »Karussell« vollkommen auseinander. Die anderen Bandmitglieder setzten öfter mal die Schere der Selbstzensur an, um Eingriffe der Zensur zu beeinflussen. Nach dem Motto: Ein kritischer Text geht nicht durch, also machen wir von vornherein einen anderen. Jedenfalls bin ich 1983 dort ausgeschieden. Das einzige Mal, dass wir mit »Karussell« in den Westen durften, war zu einem Austausch nach Finnland. Vorher mussten wir noch einen Politlehrgang mitmachen und bekamen vorgeschrieben, wie wir auf bestimmte Fragen zu antworten hatten. Mich in Finnland irgendwie abzusetzen, das habe ich nicht im Sinn gehabt. Ich wusste, der Rest der Band hätte dann Schwierigkeiten bekommen.

Ich dachte also immer noch, mit der DDR und mir, das könnte klappen, und habe eine eigene Band gegründet, »Cäsars Rockband«. Die gab es dann drei Jahre lang. In dieser Zeit habe ich festgestellt, dass selbst mit einer gewissen Kompromissbereitschaft in diesem Staat nichts mehr lief – es war zum Beispiel so gut wie aussichtslos, dass unsere Titel im Rundfunk gespielt wurden.

1986 gab ich auf und habe das getan, was ich eigentlich nie tun wollte: Ich habe einen Ausreiseantrag gestellt. Vorher löste ich die Band auf, damit die Kollegen nicht in Schwierigkeiten kommen würden. Dann habe ich zwei Jahre lang nichts gemacht. Einfach gewartet. Die Obrigkeit rieb sich wahrscheinlich die Hände. Die werden sich gedacht haben: Wenn der sich so ruhig verhält, dann kann er auch hier bleiben. Nach diesen zwei Jahren bot mir mein ältester Sohn an, in seiner Band zu spielen. Er suchte einen Gitarristen. Erst dachte ich, er spinnt, aber dann war das in Ordnung für mich. Bevor ich gar nichts mache, spiele ich bei ihm, entschied ich.

Zu der Zeit, also etwa 1988, fing ich an, eigene Texte zu schreiben. Sie bezogen sich deutlich auf die Zustände in der DDR. Die

Leute standen mit runtergeklappten Unterkiefern da und dachten, ich würde jeden Moment verhaftet werden. Und es dauerte gar nicht lange, da wurde mein Ausreiseantrag genehmigt. Wir hatten innerhalb von 48 Stunden das Land zu verlassen. Das hieß: Fünf Koffer für fünf Familienmitglieder packen, schnell Passbilder machen lassen für die Pässe, mit einem Laufzettel zu allen Stellen rennen – Entlassung aus der Staatsbürgerschaft, und das für die ganze Familie. Wir haben kaum was zurückgelassen. Die Möbel und der ganze Hausrat kamen ein halbes Jahr später nach, darum kümmerten sich Freunde von uns.

Mit zwei oder drei Autos sind wir dann nach Ostberlin gebracht worden, zum Grenzübergang im »Tränenpalast« S-Bahnhof Friedrichstraße. Auf der Westseite des Bahnhofs wussten wir nicht, mit welcher S-Bahn wir fahren mussten. Eine junge Frau sprach uns an und half uns – ein gutes Gefühl. Wir wollten zum Bahnhof Zoo, wo wir mit Klaus Renft verabredet waren, der ja bereits seit Mitte der 70er in Westberlin lebte. Als wir dort ankamen, schallte es schon über den Bahnsteig: »CÄSAR!«

Wir kamen mit Klaus aus dem Bahnhof auf die Straße und merkten als Erstes: Hier riecht es anders! Ganz anders! Wir kamen aber nicht gleich dahinter, woran es lag. Klaus half uns auf die Sprünge: »Ganz einfach, hier fahren keine Trabis und Wartburgs rum, sondern nur Viertakter.« Wir liefen also über den Parkplatz vor dem Bahnhof Zoo, und während wir erzählten und scherzten, stolperten wir gleich über eine Heroin-Spritze. »Na, das geht ja gut los«, habe ich gesagt.

Wir sind dann durch das Europa-Center gewandert und erlebten einen Kulturschock. Man konnte gar nicht so viel erfassen, wie man sah, das hat einen fast erschlagen.

Das war der zweite Schock, und dann kam der dritte: Klaus wohnte in einem Hinterhaus, und wir liefen über den Hof zu seiner Wohnung. Dort wuchs, weil es so finster war, kein Rasen, und man hatte über den gesamten Hof einen künstlichen, grünen Rasenteppich ausgelegt. Ich dachte: Das kann doch nicht sein, das ist doch hirnrissig!

Nach dieser ersten Nacht bei Klaus fuhren wir ins Auffanglager Marienfelde, zu den Alliierten. Die Schärfsten waren die Amis, die wollten alles ganz genau wissen. Die Franzosen waren lockerer. Bei den Amis saß eine Frau, die mich mit ihrem starken amerikanischen Akzent fragte: »Musiker, aha. Spielen Sie Reggae?« – »Nein, weniger«, antwortete ich. – Sie darauf: »Wie gut, ich kann Reggae nicht leiden.«

Wir bekamen ein Zimmer in diesem Lager zugewiesen und Tagegeld, das reichte erst mal fürs Essen. Dann wurde uns eine Wohnung in Charlottenburg zugeteilt, vom Sozialamt bezahlt, einen Teil der Miete mussten wir aber mittragen. In diesen ersten Tagen wurden wir gleich von einer Illustrierten nach unseren Eindrücken gefragt. Die schrieben dann etwas, was wir gar nicht gesagt hatten: dass wir uns als Erstes auf die Bananen gestürzt hätten.

Im Arbeitsamt ging es anfangs noch darum, ob mir überhaupt eine Unterstützung zustand, aber mir saß dort einer gegenüber, der auch lange Haare hatte, und der telefonierte und telefonierte und nannte diesen Paragraphen und jenen ... Ich verstand gar nichts davon. Am Ende hatte er die Arbeitslosenhilfe für mich durchgeboxt. Wir haben zwar nicht darüber gesprochen, aber ich hatte das Gefühl, er engagierte sich entweder für solche Leute wie mich oder er kannte mich und meine Musik vielleicht. Ich weiß bis heute nicht, wie es war.

Was die Kinder betraf, hatten wir große Bedenken, dass sie in der Schule Schwierigkeiten haben würden, weil sie richtig sächselten. Weit gefehlt. Die Klassentür ging auf, und da guckten raus: ein schwarzer Kopf, ein gelber Kopf, ein roter Kopf – ein völlig bunter Haufen. Die halbe Klasse sprach nur gebrochen deutsch, die haben doch gar nicht gemerkt, ob ein Mitschüler sächselte oder berlinerte. Die Jungs waren gleich die Besten in der Klasse, weil der Stoff viel langsamer durchgenommen wurde als in der DDR. Der Kleinste freute sich, weil er nicht mehr – wie in der alten Schule – die Arme hinterm Stuhl verschränken musste. Die Kinder sind gern in die Schule gegangen, zumindest die ersten Jahre.

Im Großen und Ganzen kamen wir gut zurecht, und wir fanden ganz schnell viele Freunde. Ost und West, das war irgendwann fast uninteressant. Das machte keinen Unterschied. Mit dem Musizieren Geld zu verdienen, war in der Zeit kein Thema für mich. Ich überlegte, was ich eigentlich kann außer Musikmachen, und kam aufs Autofahren. Ich habe in Windeseile den Taxischein gemacht. Als Taxifahrer kann man sich aussuchen, wann man fährt, wie lange und wie oft – das hat mir gut gefallen, weil ich mir so fürs Musizieren Zeit reservieren konnte. Vorher hatte ich mir schon für wenig Geld ein kleines Studio aufgebaut. Das Geld hatte ich mit einem Job beim Theater verdient, den mir Klaus Renft besorgt hatte. Ich war der Musikant für die Tischgesellschaft in dem Stück »Jedermann« von Hofmannsthal. Mein Part dauerte 20 Minuten, und parallel dazu habe ich noch den Beleuchter gegeben. Mit diesen beiden Jobs habe ich in zwei Monaten mehrere Tausend D-Mark verdient.

Natürlich war der Weggang schwierig, alles war neu. Aber Gefühle wie Heimweh kamen gar nicht auf, zumal wir ja auch viele Bekannte in Westberlin wiedertrafen, auf die wir uns vor unserer Ausreise gefreut hatten.

Noch während meiner Taxiausbildung fiel die Mauer. Das habe ich fast auf die Sekunde genau miterlebt, man war ja durch das Fernsehen total informiert. Bald hörtest du die ersten Trabis, und dann dauerte es nicht mehr lange, und es roch nach den Abgasen. An dem Abend habe ich einen Haufen 50-Pfennig-Stücke verschenkt, weil meine Landsleute natürlich von den öffentlichen Telefonzellen Bekannte und Verwandte anrufen wollten. Vielen habe ich erklärt, wie sie wo hinkommen, ich war ja mitten im Taxilehrgang und kannte mich hervorragend aus. Dass es so gekommen ist, darüber habe ich mich sehr gefreut. Wenn das mal ein Land gewesen ist, dann sollte es auch wieder eins sein.

Ab Anfang 1990 verdiente ich richtig gut, weil Berlin Anziehungspunkt geworden war und die Osttaxen noch nicht in den Westen fahren durften. Das habe ich drei Jahre lang gemacht. In dieser Zeit änderte sich die Situation deutlich, und ich hatte wieder die Möglichkeit zu spielen. Das Publikum war auch da. Irgendwann waren die Leute auf der Suche nach ihrer alten Identität, und wir waren wieder gefragt.

Seit Ende 1997 bin ich wieder in Leipzig. In die Heimat zurückzukommen, fällt ganz leicht.

»Ich habe das Winterloch gefüllt«

Stephan Krawczyk, Jahrgang 1955, Künstler, lebt in Berlin

Ich hatte als Sänger Berufsverbot in der DDR und erschloss mir gemeinsam mit Freya Klier über die Kirche neue Räume. Wir kamen zu erheblicher Wirksamkeit, gar nicht einmal nur durch die Westmedien, die irgendwann auf uns aufmerksam wurden, sondern auch, weil unsere Kunst in einer Weise Dinge benannte, die ansonsten tabu waren und die im Kabarett meistens wieder weggelacht wurden. Das konnte sich der Staat nicht nur nicht mehr leisten, das musste er verhindern. Die Kirchen, die uns einluden, wurden mit hohen Ordnungsstrafen belegt, die Polizei- und Stasipräsenz wurde immer größer. Die Konzerte wurden nach und nach alle abgesagt aufgrund dieses Drucks. Ich war damit jeglicher Arbeitsmöglichkeit beraubt und auf den privaten Raum zurückgeworfen und dachte darüber nach, wie ich meine Situation öffentlich machen könnte. Ich wollte nicht einfach nur rumsitzen und mich abfinden. Deshalb bin ich am 17. Januar 1988 zur Luxemburg-Liebknecht-Demonstration gegangen und protestierte dort mit einem kleinen Transparent »Gegen Berufsverbot in der DDR«. Im Grunde wollte ich den Staat zu einer Reaktion zwingen. Die kam prompt, indem ich hinter der nächsten Hausecke verhaftet wurde. Festgenommen, wie es in der DDR offiziell hieß.

Ich kam ins Gefängnis nach Hohenschönhausen. Mir wurde staatsfeindliche Kontaktaufnahme, Landesverrat und staatsfeindliche Hetze vorgeworfen. Mit der Aussicht auf eine Höchststrafe von zwölf Jahren, wie mir mein damaliger Rechtsanwalt Wolfgang Schnur mitteilte, der sich später als Stasispitzel entpuppte. Die Situation vor und während der Demonstration hatte ich eher auf die leichte Schulter genommen. Die Angst kam erst, als sie mir beim Abführen fast das Handgelenk gebrochen haben. Das war ein höllischer Schmerz! Du sitzt in diesem Gefängniswagen, dir werden Handschellen um die Gelenke geschlossen, dann hockst du in der kleinen Zelle und wimmerst fast.

Eine Woche nach meiner Verhaftung kam Freya in den Knast. Ich durfte sie nicht sehen. In einem Brief schrieb sie mir, dass sie entmutigt sei und weg wolle, raus aus der DDR. Ich konnte das nicht richtig nachvollziehen, zumal nach unserer Verhaftung eine große Protestbewegung in Gang gekommen war. Wir hatten keine Gelegenheit, noch einmal darüber zu reden. Meinen Antwortbrief hat ihr die Stasi vorenthalten. In einem zweiten Brief schrieb Freya wieder, es habe alles keinen Sinn und sie wolle gehen. Ich stimmte also einer Ausreise zu und unterschrieb in der Nacht des 1. Februar 1988 einen Antrag. Am nächsten Tag wurde ich schon früh um halb fünf geweckt und zu einem VW-Bus geführt, wo ich Freya wiedertraf. Die Fahrt ging auf der A4 über Eisenach zur Grenze. Freya und ich lagen uns die ganze Zeit in den Armen. Von mir war es eine Geste des Schützens. Vor uns saßen zwei Stasileute, richtige Schränke. Als wir hielten, weil ich mal musste, zeigte der eine auf sein Pistolenhalfter: Ich solle nicht »auf dumme Gedanken kommen«. Unterwegs stiegen Freyas Tochter und zwei andere junge Leute zu uns ins Auto. Jetzt waren wir fünf. Hinter uns fuhr ebenfalls ein VW-Bus. In dem saß Werner Braune, ein Pfarrer vom evangelischen Stift in Ostberlin. Kurz vor der Grenze stiegen wir in seinen Bus um und erreichten wenige Minuten später die Grenzstation, die wir ohne große Formalien passierten. Pfarrer Braune hatte schon mehrfach Zwangsausreisende in den Westen begleitet. Er brachte uns jetzt zu seinem Bruder Martin Braune, der in der Nähe von Bielefeld lebte und der uns aufnehmen wollte.

Wir hielten auf der anderen Seite der Grenze am Rasthof Herleshausen. Dort bin ich aufs Klo gegangen. Nach dem, was ich im Knast erlebt hatte, war das ein ganz erheblicher 65-Sterne-Luxus. Ich dachte: Was ist das für eine Welt, die einzig, um die Exkremente abzuschlagen, einen solchen Luxus hinstellt? Ich bin später noch einmal dort gewesen – da schien es mir gar nicht luxuriös. Meine Sehgewohnheiten hatten sich inzwischen umgestellt.

Ich ließ mir damals Zeit auf der Toilette, schaute mich ein bisschen um. Dieses Klo war wie eine Schleuse vom Ostknast in eine

Gesellschaft, die sich selbst freiheitlich nennt. Schon an der Ausstattung des Hygienetrakts war zu erkennen, dass ihre Menschen über Mittel verfügten, sich das Leben schön zu machen. Ich dachte in diesen Momenten nicht über meine Träume von einem schönen Leben nach. Ich war viel zu befangen durch den unmittelbaren Wechsel. Aber ich kam aus der DDR, und natürlich hatte ich im Hinterkopf auch meine Träume – zum Beispiel, mir die Welt anzugucken.

Als ich von der Tankstelle zum Auto zurückging, erkannten mich die Tankwarte und begrüßten mich: »Hallo, Herr Krawczyk!« Einer von denen hatte den *Spiegel* in der Hand und zeigte mir die Titelseite, auf der ich abgebildet war. Die Ausgabe war am Vortag erschienen. Das war natürlich für einen Menschen, der gerade aus dem Knast kam, schwer zu begreifen: Plötzlich siehst du dein Foto auf dem Titel einer Illustrierten, die ja für dich auch einen geheimnisvollen Namen hat. Aber so richtig hat es mich komischerweise gar nicht berührt. Ich spürte zwar, dass sich mein Leben völlig verändern wird, aber ich fühlte nicht die Euphorie eines Anfangs. Ich war ja gerade erst aus meinem bisherigen Leben fortgerissen worden. Ich hatte mich auch mit Freya noch nicht über die Gründe, die zu unserer schnellen Ausreise geführt hatten, verständigen können.

Wir waren über die Brücke auf der A4 gefahren, über diese Schlucht, die für mich immer noch sinnbildlich ist für die Trennung der beiden »Deutschländer«, und schon befanden wir uns auf der anderen Seite. Ich sah die Brücke als eine Metapher für unsere Situation: Man verlässt etwas, was sicher ist, und kommt an einem Ort an, über den man noch gar nichts weiß. Dass ich, der ich gerade aus dem Knast gekommen war, so dachte, hatte etwas Groteskes. Es war in diesem kurzen Stück Weg alles enthalten: Ich ließ etwas zurück, das unwiederbringlich verloren war, in dem Bewusstsein, dass es zu einer Vereinigung in Ewigkeiten nicht kommt und dass ich etwas anfange, von dem ich nichts weiß. Es ist ein Unterschied, ob du eine Sache aus eigenem Wollen, aus eigener Initiative heraus beginnst, ob du die Fremde suchst oder ob du in sie hineingeschmissen wirst. Mich brachte das zum Heulen. Heute sehe ich die Situation klarer, damals war alles nur diffus und verursachte heftige Gefühlsaufwallungen, denen ich mehr oder weniger hilflos ausgeliefert war. Ich versuchte, meine innere Bewegung vor den Mitreisenden zu verbergen, aber so laut sind VW-Busse nicht, dass man das Schniefen nicht hört. Pfarrer Braune sagte: »Warum heulst du denn?« Der Unverstand dieses doch seelengeschulten Menschen hat mich wieder ein bisschen geerdet. Für ihn war das Überqueren der Grenze selbstverständlich, sie war für ihn nichts Unüberwindliches.

Wir fuhren mit dem Bus durch Deutschland, es wurde dunkel, es fing an zu regnen. Die Räder rollten über mir völlig unbekanntes, fremdes Land. Du hast in solchen Momenten keine Bodenhaftung, du fliegst durch unbekannten Äther irgendwohin. Wir hörten Nachrichten und der *Deutschlandfunk* brachte die Meldung, dass wir jetzt ausgereist seien. Das war alles ganz befremdlich.

Martin Braune fing uns schon vor seinem Haus ab, weil es dort bereits von Journalisten wimmelte. Ein Tankwart hatte Pfarrer Braunes Telefongespräch mit seinem Bruder belauscht und die Presse über unser Ziel informiert. Er lud uns in ein griechisches Restaurant ein und sagte: »Es tut mir Leid, wie jetzt alles gekommen ist, aber ich versuche, Sie so gut wie möglich aufzunehmen.«

In meiner Erinnerung sind meine damaligen Eindrücke zu einem großen Ganzen verschmolzen. Andererseits waren meine Sinne durch die Konfrontation mit dem Neuen und Fremden hellwach, aber ich konnte die Situation, in die ich geworfen worden war, überhaupt nicht intellektuell verarbeiten.

Im Haus von Martin Braune sind wir sehr freundlich aufgenommen worden. Er nahm die Sorgen seiner Mitmenschen ernst, und ich fühlte mich dort geborgen. Er bot uns einen Ruhepunkt, der in der stürmischen Zeit nach unserer Ankunft wichtig war, denn die Journalisten klingelten Sturm. Wolf Biermann kam als »Türöffner« mit Journalisten vom *Stern* für das erste Interview. Roland Jahn war gekommen, der damals schon bei *Kontraste* arbeitete.

Am nächsten Tag um elf gab es eine Pressekonferenz, für die Freya und ich einen Text erarbeitet hatten, den ich verlesen wollte. Wir hatten geschrieben, dass wir die DDR nicht freiwillig verlassen haben, dass wir keine freie Wahl hatten und dass wir fordern, in die DDR zurückzukehren. Ich hatte in der Nacht Zeit, den Text noch etwas zu verinnerlichen, damit er am nächsten Tag nicht gar so fremd über meine Lippen käme. Ich habe ihn ein paar Mal gelesen und ehrliche Tränen vergossen. Der Text war ausgesprochen offiziell gefasst, dennoch hat er meine Seele bewegt und berührt, denn die Worte machten mir die Endgültigkeit unserer Situation klar.

Zur Pressekonferenz am nächsten Morgen kamen etwa 120 Journalisten und fünf oder sechs Kamerateams. Wir sind von Braunes Haus aus in den Raum einer Kultureinrichtung gelaufen, und schon unterwegs umschwärmten uns Massen von Fotografen. Ich hatte das Gefühl, die Hauptrolle in einem Stück zu spielen, ohne Einsicht in das ganze Stück zu haben. Das ging mir sehr ans Herz, ich lag sozusagen blank.

Dann saß ich in meinem Parka vor den Massen und habe die Erklärung vorgelesen. Neben mir saß Freya. Und die ganze Zeit prasselten die Blitzlichter der Fotografen auf uns nieder wie ein tropisches Gewitter. Heute denke ich, es hätte ein völlig anderer Text sein müssen, und ich hätte ihn mit viel mehr Pep rüberbringen sollen, um der Öffentlichkeit zu zeigen, dass da ein Mensch kommt, der voller Phantasie ist, der sich in erster Linie künstlerisch äußern will und der in keine Märtyrerschublade passt. Aber die wollten das von mir, und ich habe es bedient. Ohne es zu wissen. Ich konnte ja auch nicht nur für mich sprechen, das hätte wahrscheinlich noch mal ganz anders ausgesehen. Ich habe auch für Freya gesprochen und im Grunde genommen für die Bürgerbewegung. Es war also völlig instrumentalisiert. In diesem nicht gewollten Schicksal habe ich meine Übungen absolviert und wurde innerhalb von 14 Tagen permanent gezeigt. Permanent war ich in der *Tagesschau,* in *heute,* auf den Titelseiten. Ich habe sozusagen das Winterloch 1988 gefüllt.

Zwei Tage später nahm mich Frank Eisen, bei dessen Plattenfirma, einem Independent-Label, ich im November 1987 die CD »Wieder Stehen« veröffentlicht hatte, mit nach Hannover. Ich erinnere mich noch genau, wie wir durch das Weserbergland fuhren. Ich saß wie ein kleiner Junge hinten im Auto fragte: »Kannst du 180 fahren? Kannst du 200 fahren?« Ich fuhr durchs Gebirge und fühlte mich wohl.

Von Hannover aus rief ich meine Mutter an. Sie war vollkommen aus dem Häuschen und freute sich vor allem darüber, dass ich aus dem Knast rausgekommen war. Das Telefonat war wie ein Gespräch in ein Niemandsland. Ich kannte meinen Heimatort natürlich wie meine Westentasche, ich hatte dort 18 Jahre meines Lebens verbracht. Aber dann stehst du dort im fremden Korridor, hast ein Telefon in der Hand, und dieser Ort wird in deiner Wahrnehmung zu einem Unort, weil der Ort, an dem du jetzt bist, deine ganze Aufmerksamkeit in Anspruch nimmt. Deine Erinnerung liegt unter einem Berg von Neuigkeiten, die deine Sinne in Beschlag nehmen und auf deiner Seele lasten. Das ist ein ganz eigentümliches Gespräch gewesen.

Von Hannover aus sind wir weiter nach Berlin geflogen. Meine Gitarre war inzwischen auch schon im Westen gelandet, die hatte ein Journalist aus Ostberlin rübergebracht. Mein Bandoneon war aber noch nicht bei mir, deshalb holten wir für das am 9. Februar geplante Konzert von einem Westberliner Bandoneonisten ein Instrument für mich.

Nach meinem Konzert im Pavillon von Hannover vor 900 Leuten fuhr ich – wieder in Westberlin – mit dem Taxi durch die Stadt, und der Taxifahrer fragte mich, ob ich *der* sei. Er habe das Konzert im Fernsehen gesehen und geheult. Er sei aus der Tschechoslowakei gekommen und noch immer mache ihm sein Fremdenschicksal das Herz schwer. Dieses Schicksal, irgendwo hineingeworfen worden zu sein. Meine Lieder hätten ihn sehr berührt. Dadurch habe er seine Trauer zulassen können.

Als er das sagte, fühlte ich mich fast ein wenig willkommen geheißen durch diese erste Seelenbewegung eines Fremden. In dem Taxi begriff ich, dass sich auch in diesem Land Menschen berühren lassen und dass man fein trennen muss zwischen einem beseelten Wesen und den Verhältnissen, die den Menschen aufgezwungen werden und in denen sie gezwungen sind, Geld zu verdienen.

»Zu wenig konstruktive Neugier«

Peter Sieg, Jahrgang 1959, Arzt, lebt in Sülsdorf (Mecklenburg-Vorpommern)

Mir war von Kindesbeinen an klar, dass ich weg will und dass ich die erste Gelegenheit dazu nutzen würde. So bin ich groß geworden, diese Haltung haben mir auch meine Eltern vermittelt, das hat meine Freunde und mich beschäftigt. Der Gedanke war immer irgendwie präsent, wenn auch die Vorstellung, wie sich das praktisch abspielen könnte, ihre Bedrohlichkeit hatte. Der Alltag funktionierte irgendwie und unabhängig davon. Von 1980 bis 1988 lebte ich in Jena und fühlte mich der Stadt sehr verbunden. Am Markt hatte ich 1980 ein Haus okkupiert, das stand damals wie viele andere Häuser leer. Dort wohnte ich acht Jahre lang mit ein paar Studienfreunden. Das hatte ein vergleichsweise großes Maß an Freiheit. Mir war immer klar, wenn ich mal weggehe, wird mir das sehr schwer fallen. Aber die erste Gelegenheit zu gehen, wäre die beste, das wusste ich.

Im April 1988 hat sich eine Möglichkeit ergeben. Ich hatte einen Antrag gestellt, eine Tante in Köln zu besuchen. Das war ein bisschen fingiert, und ich habe nie erfahren, warum ich am Ende doch fahren durfte. Der Antrag wurde zunächst abgelehnt, so wie ich das auch erwartet hatte. Dann kam aber plötzlich ein Anruf, ich dürfe nun doch für drei Tage nach Köln fahren. Da fielen bei mir von jetzt auf gleich die Schranken, daran erinnere ich mich noch sehr gut. Ich hatte genau zwei Tage Zeit, umherzufahren, mich von meinen Verwandten zu verabschieden und Lebewohl zu sagen, weil es ja erfahrungsgemäß zehn Jahre dauern würde, bis ich sie wieder würde besuchen können. Ich habe alles verschenkt, was ich hatte. Meinen alten VW Käfer an meine Schwester, mein Motorrad blieb bei einem Studienfreund. In meiner Abrisswohnung habe ich ein Abschiedsfest gegeben: Wahnsinn, wenn ich mir das heute überlege!

Ich hatte Glück, dass tatsächlich keiner darunter war, der mich verpfiffen hat. Alle meine Bücher sortierte ich in Kisten ein, die meisten kamen später in Düsseldorf an. Nachts fuhr mich ein Freund zum so genannten Interzonenzug nach Weimar, und ich saß dann in einem Abteil voller Rentner, die immer nur darüber sprachen, bei welcher Kirche sie 20 D-Mark abholen könnten. Müde, von der Abschiedsfeier noch deutlich angetrunken und ziemlich verklärt, fuhr ich bis nach Bebra. Ich konnte dort am frühen Morgen auf dem Bahnsteig stehend überhaupt nicht recht fassen, dass es tatsächlich passiert war, dass ich tatsächlich im Westen war. Ich hatte eine Tasche mit ein paar Klamotten und einem Lehrbuch, das mir am Herzen lag, dabei und einzig den festen Willen, irgendwie auf die Füße zu fallen. Die Entscheidung zu gehen, habe ich keine Sekunde in Frage gestellt. Die zwei Tage in Jena hatte ich irgendwie noch abgespult und viele Leute getroffen, die mir sofort angesehen hatten, was los war. »Du gehst weg«, sagten sie, »das sieht man doch.« Ich konnte auch später – also Anfang der 90er Jahre –, als ich Einsicht in meine »Akte« nahm, keinen Aufschluss darüber bekommen, warum das alles gut gegangen war. Natürlich habe ich mich gefragt, ob man mich loswerden wollte, ob man mir bewusst die Chance geben wollte, wegzugehen. Aber eigentlich war ich nie richtig auffällig gewesen, nie öffentlichkeitswirksam oppositionell. Ich hielt die Stasi auch für viel ineffektiver, als sie war. Ich dachte, das sei eine dunkle Bedrohung, die bewusst aufrechterhalten wird, damit die Leute Angst haben. Daher kam auch meine Unbedarftheit, relativ vielen Leuten zu sagen, dass ich weggehen würde. Ich dachte immer, die Stasi funktioniert genauso schlecht wie alles andere auch in der DDR. Ein Irrtum, wie sich im Nachhinein herausstellten sollte.

Das erste halbe Jahr nach meiner Ankunft im Westen verbinde ich mit interessanten, aber wenig angenehmen Erinnerungen. Ich konnte bei mir sehr nahe stehenden Verwandten in Ratingen bei Düsseldorf wohnen. An deren Verständnis und Geduld denke ich heute immer noch mit großer Dankbarkeit zurück. Ich konnte in Ruhe die anstehenden Formalitäten erledigen und einen beruflichen Weg suchen. Zuerst hat mich jedoch der deutsche Bürokratenwirrwarr gefangen genommen.

Das Leben in einer Stadt wie Düsseldorf hatte ich mir so, wie ich es dann auch erlebte, vorgestellt. Ich fand im Wesentlichen vor, was ich aus Radio und Fernsehen und durch Kontakte zu Verwandten und Freunden wusste. Das Einzige, was mich sehr überraschte, auch enttäuschte, und was mir unerklärlich blieb, war die Tatsache, dass die Menschen in meiner neuen Umgebung ausschließlich mit ihrem persönlichen Weg innerhalb des akzeptierten gesellschaftlichen Rahmens beschäftigt waren. Ich kam aber aus einer politisch brisanten Situation, und jetzt war das Leben um mich herum plötzlich vollkommen unpolitisch. Ich war ja gewohnt, mich ständig an irgendwelchen Dingen zu reiben, und wenn es nur der Polizist war, der die Autopapiere kontrollierte. Meine mir aus Jena vertraute politische Welt war verschwunden.

In den ersten Monaten habe ich in Düsseldorf als Gastarzt an der Uni gearbeitet, bei Nachbarn einen Zaun angestrichen und ein bisschen Arbeitslosengeld bekommen. Vorrangig war ich damit beschäftigt, einen richtigen Job zu finden und wenn irgend möglich unterwegs zu sein, zu reisen.

In Jena hatte ich Zahnmedizin studiert, anschließend aber in der Pathologie gearbeitet. Ich wollte im Westen noch das Allgemeinmedizinstudium abschließen und in einem chirurgischen Fach oder in der Pathologie arbeiten. Das war natürlich kompliziert, weil ich weder Geld noch Zeit hatte und mich um einen Job kümmern musste. Bis sich in Lübeck ein gangbarer Weg auftat, waren sechs Monate vergangen.

Hinzu kam, dass ich in den Sommermonaten in Düsseldorf, als alles noch ungewiss war, unentwegt krank wurde und eine Grippe nach der anderen hatte. Das änderte sich sofort, als ich im Herbst 1988 in Lübeck an der Uni die erste Anstellung bekam. Mit dem beruflichen Anfang und der ersten eigenen Bleibe änderte sich auch meine körperliche Verfassung fast augenblicklich.

Die Grenzöffnung ein Jahr später kam natürlich auch für mich absolut unerwartet. Im Jahr zuvor hatte ich bei der ständigen Vertretung der DDR in Bonn angefragt und erfahren, dass ich in meiner Abwesenheit abgeurteilt worden war und damit rechnen müsse, inhaftiert zu werden, wenn ich zum Beispiel auf dem Weg nach Westberlin die DDR durchfahren würde.

In Lübeck sah ich nun die Grenze von der anderen Seite. Ich war ja im Harz und in Thüringen grenznah aufgewachsen, und die Grenze hatte für mich immer etwas Bedrohliches und Gefährliches. Hier am Priwall konnte ich mich einfach an den Zaun am FKK-Strand legen und sehen, wie die Grenzer auf der DDR-Seite rumliefen. Das war eine abartige Situation. Oder wenn ich mit der Fähre nach Dänemark aus der Lübecker Bucht herausfuhr. Auf der einen Seite gen Westen sah man eine Menge Segelboote, dann kam ein imaginärer dunkler Streifen von ein paar 100 Metern, auf dem sich kein Boot aufhielt und der zu meiden war. Und ab und zu wurde auch mal ein Boot auf die Ostseite getrieben und wieder ausgeliefert. Eine völlig groteske Situation.

Ganz ähnlich verrückt fand ich die von der Westseite bunt angemalte Berliner Mauer, die Kehrseite derselben Mauer, auf die man so viele Sehnsüchte projiziert hatte und die auf der anderen Seite so bedrohlich gewesen war. Die Sinnlosigkeit dieser politischen Situation mit den so großen Konsequenzen für den Einzelnen ging mir oft durch den Kopf, wenn ich an der Lübecker Bucht stand und in Richtung Mecklenburger Strand schaute.

Gut und schlecht – das Gefühl für solche Realitäten geht schnell verloren. Schon heute, 15 Jahre später, können sich jüngere Leute ein Land mit solchen, von Menschenhand errichteten Grenzen kaum noch vorstellen, manch Älterer will es einfach nicht mehr wahrhaben.

Die Zeit der Grenzöffnung war für mich in vielerlei Hinsicht besonders. In Lübeck endete einer der Züge, die die »Besetzer der Prager Botschaft« in die Bundesrepublik brachten, als die Grenze zwischen Ost und West noch undurchlässig war. Ich bin an dem Abend zum Bahnhof gefahren. Dort waren Tausende versammelt, vorwiegend ältere Menschen und fast alle Obdachlosen aus Lübeck und Umgebung. Lübeck war Ende des Zweiten Weltkrieges Flüchtlingsstadt gewesen, und die Menschen, die damals aus Schlesien und Ostpreußen gekommen waren, haben sich an ihre Ankunft in Lübeck vor fast 50 Jahren erinnert.

Ich weiß noch, wie ich nach der Grenzöffnung morgens in meiner Wohnung am Lübecker Hafen bei offenem Fenster aufwachte und total verwirrt war, weil ich sowohl das Geräusch als auch den

Geruch eines Trabis wahrnahm. Das war gleichzeitig vertraut und irgendwie bedrohlich, weil es da nicht hingehörte und mir meine Orientierung nahm.

Dass ich »den Osten« erlebt habe, im Osten groß geworden bin, später noch den Westen, ehe die Öffnung der Grenzen erfolgte, das empfinde ich heute – mit einigem zeitlichem Abstand – als große Bereicherung. Es gab aber Anfang der 90er Jahre eine Zeit, da mochte ich mit niemandem mehr über die deutschen Alltagsprobleme reden und fühlte mich nirgendwo zugehörig. Ich bin damals äußerst ungern in den Osten gefahren, mochte die Klagen alter Freunde und Bekannter nicht mehr hören: dass es nicht schnell genug geht, dass sie benachteiligt und von Leuten aus dem Westen bevormundet werden.

Mein eigener schwieriger Beginn unter, wie mir schien, sehr viel misslicheren Umständen war mir noch zu nahe. Ebenso wenig konnte ich aber meine Westkollegen und Mitbürger verstehen, deren Borniertheit gegenüber den Eigenarten der Leute aus dem Osten und deren Geringschätzung mich mindestens ebenso störten. Das Bild schien mir beherrscht von Kleinlichkeit, zahllosen Vorbehalten und viel zu wenig konstruktiver Neugier.

Im zwischenmenschlichen Bereich gab es ganz klare Unterschiede. In meiner Studienzeit in Jena war der Umgang zwischen Männern und Frauen freizügig und gleichberechtigt gewesen. Im Gegensatz dazu erschienen mir die Verhältnisse im Westen deutlich traditioneller. Es ging im Osten weniger um materiellen Wohlstand. Besitzstandswahrung und materielle Lebensplanung – all diese Dinge spielten eine viel untergeordnetere Rolle als im Westen.

Ich habe meine Entscheidung, damals den Osten zu verlassen, nie in Frage gestellt. Mit Abstand betrachtet bin ich froh über die gesammelten Erfahrungen aus dieser Zeit. Ich habe persönlich Hilfe von vielen Seiten erfahren und bin dankbar für die Wege, die sich mir eröffnet haben – vor allem aber dafür, solch brisante politische Veränderungen miterlebt zu haben.

»Da muss doch noch was sein«

Matthias Schwabe, Jahrgang 1961, Forstfacharbeiter, Werkzeugmacher, lebt in Probstzella (Thüringen)

Hier in Probstzella hattest du die ganze Zeit die Grenze vor Augen. Das gab vielleicht den Ausschlag für mich wegzuwollen. Du dachtest immer: Das kann doch nicht sein, dass hier die Welt zu Ende ist! Da muss doch noch was sein!

Ich war in der DDR Kraftfahrer in einer LPG. Die Flucht habe ich zusammen mit meinem fünf Jahre jüngeren Bruder geplant und vorbereitet. Im Mai 1988 machten wir dann Ernst. Wir haben uns als Fluchthilfegerät einen Holzbock gebaut, mit einem kleinen Tritt obendrauf und Griffen zum Festhalten. Den versteckten wir im Wald. In der Fluchtnacht konnten wir ihn zuerst nicht finden. Erst früh, als es halbwegs hell geworden war, dämmerig, sahen wir das Versteck. Den Bock haben wir am ersten Grenzzaun aufgebaut. Es ging darum, die Signaldrähte in dem ypsilonförmigen Zaun nicht auszulösen. Als Erster ist mein Bruder gesprungen, dann ich. Der Absprung war der bewegendste Moment. Von einem Reich ins andere. Du überlegst: Springst du oder springst du nicht? Rückgängig wirst du es nicht mehr machen können.

Bis dahin lief alles wie geplant. Soweit man das überhaupt planen konnte. Die Grenzanlagen konnten wir nicht vollständig überblicken. Ich hatte eigentlich damit gerechnet, dass wir auf Hunde treffen, und habe deswegen ein großes Seitengewehr von der Armee mitgenommen. Das hatten wir irgendwo erworben. Mit 30 Zentimeter Klinge, für alle Fälle. Gott sei Dank passierte nichts. Wir sind dann bergauf, bergab. Die Himmelsrichtung war ja klar. Kurz bevor meiner Meinung nach der letzte Zaun hätte kommen müssen, standen wir auf einer Lichtung – dem Kolonnenweg. Ich sah ein dünnes Seil, einen Signaldraht. Daneben erkannten wir die Abschussanlage für die Leuchtkugel. Wir haben das alles genau gesehen.

Jetzt mussten wir bloß noch einen großen Sprung machen über das Seil, über den geeggten Streifen, und drüben ging es wieder runter ins Tal – da musste die Grenze sein. Wir nahmen Anlauf, aber dann lösten wir doch einen Schuss aus. Der Knall war nicht zu überhören. »Jetzt können wir nur noch rennen«, habe ich zu meinem Bruder gesagt. Es war tatsächlich nicht mehr weit bis zum letzten Zaun. Wir wussten ja, dass die Grenzer eine kurze Weile brauchen würden bis zu uns. Mein Bruder schaffte es gleich beim ersten Anlauf über den Streckmetallzaun. Er wartete schon auf der anderen Seite. Aber ich hatte ein paar Probleme, am Zaun hochzukommen, weil ich kleiner bin als er. Fünf-, sechsmal habe ich es versucht. Man hörte schon die Motoren der LO näher kommen. Mit letzter Kraft konnte ich den Zaun überwinden. Auf der anderen Seite sahen wir den Steinbach mit diesen blau-weißen Pfählen. Da wussten wir, dass wir drüben sind.

Als wir in Steinbach an der Heide einmarschierten, läuteten die Kirchenglocken gerade sechs Uhr. Es sah alles nicht mehr so grau, trist und öde aus wie bei uns. Wir hatten sogar den Eindruck, dass die Luft anders war als zu Hause, aber das ist natürlich Quatsch. Der erste Mensch, der uns drüben über den Weg lief, war ein Jäger. Er hat sich gleich angeboten, uns nach Ludwigsstadt auf die Polizeiinspektion zu fahren. Dort haben sie uns erst einmal ausgefragt und mit dem Nötigsten versorgt: Kamm, Zahnbürste. Die erste Nacht verbrachten wir in der Bahnhofsmission. Am zweiten Tag sind wir dann zum »Befragungswesen« nach Nürnberg gefahren. Dort wollten sie alles über meine Armeezeit wissen. Danach haben sie jedem von uns 20 D-Mark gegeben für ein ordentliches Mittagessen. Dann gings weiter ins Auffanglager nach Gießen. Dort hieß es, wir seien die »Könige der Flüchtlinge«, weil wir es über den Zaun geschafft hatten.

In Ebersdorf, das ist der Nachbarort von Steinbach, wohnte Verwandtschaft von uns. Dort haben wir 14 Tage gewohnt. Irgendwann standen unsere Eltern vor der Tür. Als Rentner durften sie ja in den Westen reisen, und es war nur ein Katzensprung von Probstzella bis Ebersdorf. Sie sollten uns zur Rückkehr bewegen. Man hätte ihnen gesagt, wir könnten unsere Arbeitsplätze behalten und würden keine Nachteile haben und so weiter. Das konnte doch kein

Mensch glauben. Letztlich sagten auch die Eltern: »Jetzt seid ihr einmal hier, jetzt bleibt ihr auch.« Wir fanden dann gleich in der Brauerei in Ludwigsstadt einen Job. Ich arbeitete als Kraftfahrer und mein Bruder als Beifahrer. So haben wir von Anfang an Geld verdient. Nach 14 Tagen bezogen wir die erste eigene Wohnung. Wir wollten nicht abhängig sein von irgendjemandem.

Beim Bier-Ausfahren kamen wir ganz schön rum in Franken: bis Bayreuth und Nürnberg. Im ersten Monat habe ich 2500 D-Mark verdient. Im Gegensatz zu 600 Mark im Osten. Da bekommt man fast einen Herzinfarkt. So viel Geld! Unsere erste größere Anschaffung war ein Auto, ein Opel Rekord für 200 Westmark. Den fuhren wir einen Tag, dann kam der Stoßdämpfer durch das Chassis. Das war total verrostet. Also haben wir ihn wieder hingeschafft und 180 D-Mark zurückbekommen. Das nächste Auto war ein Ford Taunus für 500 D-Mark. Ein schönes Auto. Das hatte noch zwei Jahre TÜV. Und ein Jahr lang sparten mein Bruder und ich auf ein neues Motorrad. Das war einer unserer Träume. Ich konnte mir eine Suzuki kaufen und mein Bruder eine BMW. So sind wir in die dortige Motorrad-Clique reingekommen und haben wirklich schöne Touren gemacht.

An das tägliche Leben im Westen gewöhnt man sich schnell. Wenn es einem gut geht, wenn man Arbeit und Geld hat, denkt man erst mal nicht an die schlechten Seiten. Irgendwann kommen dann aber doch die Erinnerungen und das Heimweh. Fast jedes Wochenende sind wir an die Grenze gefahren und haben geguckt, wie es auf der anderen Seite aussieht. Das war schon beeindruckend, die Grenzanlagen von der Westseite zu sehen und ganz dicht rangehen zu können.

1993 bin ich in mein Elternhaus zurückgezogen. In Ludwigsstadt hatten wir nur die Wohnung und nichts drumherum. Dass man im Osten immer noch so wenig verdient, finde ich schlimm. Da fragt man sich schon, warum es zehn Kilometer weiter geht und hier nicht. Der Zaun, über den wir damals abgehauen sind, ist immer noch da. Man sieht ihn nur nicht mehr.

» Was rennste denn so?«

Wolfgang Thierse, Jahrgang 1943, Kulturwissenschaftler/Germanist, Präsident des Deutschen Bundestages, lebt in Berlin

Ich erinnere mich noch sehr genau an meine erste Reise in den Westen. Das Verrückte ist, dass ich nicht mehr weiß, ob es 1987 oder 1988 war. Ich war jedenfalls schon ein ziemlich ausgewachsener Mensch, nämlich fast 45 Jahre alt. Und ich durfte zum ersten Mal auf Tantenbesuch. Leute meines Alters waren im Allgemeinen schon vor 1961 »drüben« gewesen. Auch fast alle meine Kollegen kannten den Westen; sie waren so genannte Reisekader. Die konnten regelmäßig nach Westberlin, an die Staatsbibliothek Preußischer Kulturbesitz. Ich dagegen durfte nie reisen, bis zu diesem Zeitpunkt. Wenn ich mich richtig erinnere, waren es eher kleine Beobachtungen, die haften blieben. Ich bin mit dem Zug gefahren, musste auf dem Bahnhof in Hannover umsteigen, und der größte Unterschied, der mir aufgefallen ist: Es riecht ganz anders! Es roch nach Kuchen, nach Brötchen, nach Pizza. Es gab irrsinnig viele Blumen. Es waren vor allem Sinnesreize, die mich auf dieser Reise beschäftigten.

Bei meiner Tante in Meppen an der Ems blieb ich nur ganz kurz, nämlich zwei Tage. Dann holten mich Freunde ab. Die sagten: »Du kannst doch hier nicht bei der Tante zehn Tage zubringen!« Und ich habe gesagt: »Das will ich auch nicht, ich will was sehen.« Also sind wir durchs Land gefahren: Münster, Köln, Bonn, Düsseldorf, Frankfurt, Stuttgart, München. Natürlich war das faszinierend, all die Städte zu sehen, die man bestenfalls aus dem Fernsehen kannte oder aus Erzählungen.

Eine zweite kuriose Beobachtung fällt mir ein: Wir waren in Düsseldorf und wollten mittags essen gehen, in eine Gaststätte. Ich begann automatisch schneller zu gehen. Meine Freunde lachten und fragten: »Was rennste denn so?« – »Na ja«, sagte ich, »damit wir einen Platz kriegen.« – »Bei uns kriegst du immer einen Platz.« Das ist nur ein kleines Beispiel dafür, welche Angewohnheiten man als DDR-Bürger hatte. Man musste ja zu Hause immer Sorge haben, dass es in den Gaststätten keine Plätze gab. »Sie werden platziert!« hieß es, aber meistens wurde man nicht platziert. Plötzlich fielen einem diese verrückten Angewohnheiten auf, weil man sich in einem vollkommen fremden Umfeld bewegte.

Wir waren in Bonn und in Frankfurt; in Bonn auch im Regierungsviertel, im damaligen Bundestag und im Palais Schaumburg, dem ehemaligen Sitz des Bundespräsidenten. Meine Freunde sind mit mir da einfach so reinmarschiert! Darüber war ich wirklich sehr erstaunt, weil ich die Sicherheitsvorkehrungen in der DDR gewohnt war. Später waren wir dann in Frankfurt am Main, und dort stand ich vor dem Gebäude der Deutschen Bank, diesen doppelten Türmen, und hatte das dringende Gefühl: Jetzt stehe ich wirklich vor dem Machtzentrum der Bundesrepublik Deutschland. Nicht Bonn ist das Machtzentrum. Diese optisch-physische Wahrnehmung hatte ich. All meine Erfahrungen in den letzten 15 Jahren bestätigen diesen Eindruck von damals. Der erste Eindruck ist der stärkste, sagt man, aber offensichtlich auch ein besonders authentischer.

Wir haben auf dieser Reise bei ganz unterschiedlichen Leuten übernachtet, ich hatte kein Geld, meine Freunde sind auch keine reichen Leute. Wir fuhren mit der Eisenbahn, übernachteten bei Bekannten und entfernten Verwandten meiner Freunde. Zu den verrücktesten Eindrücken dieser ersten Reise gehörte die Beobachtung der westlichen Toiletten- und Sanitärkultur. Wir übernachteten jeden Abend woanders, und jedes Mal sah ich neue Badezimmer: die Kacheln, die Handtücher, die unterschiedlichen Seifen. In einem war alles nur schwarz und weiß; Kacheln schwarz und weiß, Handtücher auch nur schwarz und weiß, die Seife, schwarze nicht, aber weiße … Der Höhepunkt folgte immer nach dem Gang zum Klo: Wie kriege ich das Wasser aus der Wand? Aus der DDR war ich zwei Möglichkeiten gewohnt: entweder ziehen oder einen Hebel drücken. Mehr nicht. Aber im Westen war das jedes Mal anders. Ich suchte also schweißgebadet nach der Vorrichtung, mit der ich die Spülung betätigen konnte. Ich werde nie vergessen, dass ich einmal sogar verzweifelt gesagt habe: »Könnt ihr mir helfen, ich kriege das Wasser nicht aus der Wand.«

Dann entdeckte ich bei diesen Besuchen, dass es im Westen Mode ist, in besonders leeren Wohnungen zu wohnen. Ich war es gewohnt und bin es ja bis heute, in einer Wohnung zu leben, in der alles vollgestellt ist, mit Büchern vor allem. Es gibt keinen Zentimeter Platz. Aber dort: alles ganz vornehm, ganz leer, ein paar wenige Bücher drapiert an diesen und jenen Stellen.

Ich habe also Erinnerungen an ästhetische, optische, physische Unterschiede, was an alltäglicher Kultur ganz anders war als in der DDR. Und, wie gesagt, die wichtige Wahrnehmung, dass das wirkliche Machtzentrum nicht Bonn ist – dieses hübsche, politische Örtchen –, sondern das Bankenviertel von Frankfurt. Und bei München hatte ich den Eindruck, dass es das Kulturzentrum der alten Bundesrepublik gewesen ist.

Man war also voller Faszination und Erstaunen. Ich musste nicht sehr viel informiert werden über die politischen Verhältnisse. Auch nicht über sozialstrukturelle und wirtschaftliche Verhältnisse – ich bin immer ein ziemlich gut informierter Mensch gewesen, wie man das als DDR-Bürger ja ohnehin via Fernsehen, Rundfunk, Literatur und Freundesbesuche war. Es lag also nicht an dem Umstand, dass so vieles unbekannt war, sondern dass man alles, was man abstrakt wusste, diese Menge an Daten, die man im Kopf hatte, plötzlich sah, sinnlich wahrnahm. Ich werde nie vergessen, wie ich in Bonn, ich glaube, es war am Münsterplatz, zum ersten Mal in meinem Leben einen Bettler sah. Ich schaute hin und dachte: Was mache ich denn jetzt? Einerseits betroffen und andererseits unsicher. Ich guckte zu meinen Freunden und bemerkte, die registrieren ihn gar nicht, die gehen weiter. Ich aber hatte ihn gesehen. In der DDR gab es keine Bettler. Ich will damit nicht sagen, dass es nicht Armut bei uns gegeben hätte, aber es gab keine Bettler. Armut war nicht sichtbar, auch die sozialen Unterschiede waren ja viel geringer als im Westen. Da aber sah ich zum ersten Mal in meinem Leben, was ich bis dahin nur aus Filmen und aus Büchern kannte, und merkte, meine Freunde nehmen das nicht mehr wahr. Ich fragte mich dann, auch später immer noch, ob ich jemals auch so werde? Bis heute habe ich ein mulmiges Gefühl, wenn ich einen Bettler sehe. Ich habe mich immer noch nicht daran gewöhnt. Diese großen sozialen Unterschiede zwischen dem enormen Reichtum, einer ästhetisch reizvollen und vielfältigen Welt, einer Konsumwelt, und der wirklichen, sichtbaren Armut, die haben mich schon sehr beschäftigt. Meine Reiseeindrücke waren insgesamt nicht so, dass ich zurückkehrend gesagt hätte, jetzt muss ich nun unbedingt in den Westen gehen. Ich fand es spannend und hübsch, auch interessant. Zu Hause erzählte ich von meinen Erfahrungen auch nicht so, als müssten wir nun alle in den Westen abhauen und genauso werden wie die Leute dort. Mich interessierte immer viel mehr, was es an politischer Freiheit gab, dass man die Zeitung lesen kann, die man lesen will, dass man seine Meinung sagen kann. Das fand ich immer viel wichtiger und halte es auch heute noch für das eigentliche Glück, das ich erlebe. Die politische Freiheit ist das Glück und nicht die Konsumfreiheit.

Es gibt eine sehr schöne Formel, die ein bisschen auch diesen Wechsel zusammenfasst: Wir haben früher als DDR-Bürger immer gelebt mit einem Mangel an Raum und einer Fülle an Zeit. Für mich hat sich das jetzt ins Gegenteil verkehrt. Wenn uns früher Freunde aus dem Westen besucht haben, waren die hektischer als wir, die wollten immerfort irgendetwas unternehmen. Ich habe gesagt: »Kommt, ruhig, jetzt setzen wir uns zusammen und reden miteinander.« Diesen Unterschied haben sie später bestätigt: »Es war immer so schön, bei euch konnten wir ganz intensiv reden.« Nun merke ich das an mir selbst, dass ich mich auch verändert habe und nicht mehr so viel Muße habe wie damals.

Das sind Erinnerungen, die Unterschiede charakterisieren: die Faszination, durch eine bunte, sinnlich reiche Welt zu gehen und gleichzeitig die deutlich schärferen sozialen Gegensätze wahrzunehmen, die uns in der DDR nicht vertraut waren, und natürlich auch die Wahrnehmung einer ganz anderen politischen Welt. Die Überraschungen bei dieser Reise ergaben sich immer aus dem Gegensatz zu dem, was man über Fernsehen, Gespräche und Bücher nicht mitbekommen hatte. Ich war eher auf eine heitere Weise fasziniert, weil mich das nicht so erschüttert hat. Ich stand auch nicht unter irgendeinem Konsumdruck, ich hatte ja kein Geld, das war eben so.

Als 1989 dann die Wende kam und ich mein Begrüßungsgeld erhielt, habe ich das mit meinem Geld gemacht, was ich immer gemacht habe: Ich habe mir Bücher gekauft. Was sonst? Alles andere hat mich nicht so gelockt. Ja, es ist schön, dass es so viel Konsumierbares gibt. Wunderbar! Es erheitert mich, es erfreut mich, aber es setzt mich nicht unter Druck. Bis heute nicht.

Ich besuchte bei meiner ersten Reise auch die Buchmesse in Frankfurt am Main – und das hat mich wirklich erschüttert: der überwältigende und kleinmachende Eindruck dieser Flut und dieser Vielfalt von Büchern und die Gewissheit: Nie wirst du auch nur ein Millionstel davon selber lesen können. Natürlich nahm ich auch eine Menge Prospekte mit und Bücher, die mir geschenkt wurden. Und dann kam ich an die Grenze. Ich musste meinen Koffer aufmachen und alles wurde beschlagnahmt. Das dauerte endlos lange. Alles wurde kontrolliert. Ich wollte ja gar nichts geheim halten. Ich habe gesagt: »Schauen Sie sich das an!« und darauf hingewiesen, dass ich an der Akademie der Wissenschaften arbeite und darauf angewiesen bin, einen gewissen Überblick über neuere wissenschaftliche Literatur zu haben, das könnte man jederzeit nachprüfen. Half nichts.

Am Schluss einer schönen, unterhaltsamen, bereichernden Reise kam ich in diesen jämmerlichen DDR-Alltag, in dieses kleine Kabuff, wo alles kontrolliert und beschlagnahmt wurde. Das war das Ende: die Bestätigung all dessen, was einen schon vorher in diesem Lande namens DDR so wütend und verbiestert gemacht hatte. Ich habe in der DDR in der trotzigen Überzeugung gelebt, dass man nicht wegläuft. Dazu gehörte allerdings, mit all den alltäglichen Erniedrigungen, Beengungen und Beschämungen fertig zu werden. Das hat viel Lebenskraft gekostet. Und wenn man dann gleich wieder mit diesen Beschämungen begrüßt wird, da beißt man die Zähne zusammen. Dass ich von den Büchern nur wenige nach Monaten wiederbekam, war dann schon uninteressant, denn kurze Zeit später ging die DDR unter.

Die Schlussbemerkung ist folgende: Ich durfte in meiner Abteilung in der Akademie der Wissenschaften als Letzter nach Westberlin reisen, in die Staatsbibliothek Preußischer Kulturbesitz. Die Erlaubnis dazu erhielt ich im Oktober 1989.

»So viel Geld für ein Essen«

Gabriele Günther, Jahrgang 1945,
Ingenieurin-Finanzökonomin,
lebt in Grevesmühlen (Mecklenburg-Vorpommern)

Ich durfte 1988 zum Geburtstag meiner Tante nach drüben fahren. Es könnte ihr 79. gewesen sein. Jedenfalls fiel der Geburtstag genau auf die Silberhochzeit von meinem Mann und mir, weshalb ich zwei Tage eher zurückgefahren bin. Man bereitete sich ja auf eine Reise vor, ohne zu wissen, ob man fahren darf oder nicht. Eigentlich hatte ich mit einer Ablehnung gerechnet. Mein Sohn war nämlich nur einen Tag, bevor mir die Reise genehmigt wurde, im Grenzgebiet festgenommen worden. Er wollte seine Freundin in Dassow besuchen, das schon im Sperrgebiet lag. Der Passierschein, den er bei sich hatte, galt aber nur für Trainingsfahrten mit dem Rennrad. Er wurde wie ein Verbrecher behandelt und mehrere Stunden verhört. Auch wir wurden verhört. Erst am Abend durfte er die Strafzelle verlassen und war sichtlich geschockt.

Ich rechnete fest damit, dass nach diesem Zwischenfall die Reise abzuhaken war. Doch womöglich hat die Stasi dieses eine Mal geschlafen. Als uns regimekritische Freunde ein Jahr zuvor besucht hatten, funktionierte die Überwachung noch hervorragend. Das haben wir allerdings erst viel später aus den Akten erfahren.

Jedenfalls erhielt ich am Abend nach dem Vorfall die Genehmigung, am nächsten Tag nach Stuttgart zu reisen. Bei all der Aufregung konnte ich mich aber gar nicht richtig freuen.

Ich stieg in Grevesmühlen in den Zug nach Lübeck. In Herrnburg, wo das Sperrgebiet begann, mussten wir alle raus aus dem Zug und wurden von unfreundlichen Zöllnern kontrolliert. Ich hatte das Gefühl, die sind sauer auf jeden, der es wagt, seinen Fuß auf »Feindesland« zu setzen. In einem Nebenraum musste ich meinen Koffer öffnen, den die Zollbeamten komplett durchwühlten. Sogar die Geschenke haben sie geöffnet. Ich hatte ein paar Decken gestrickt, Bildbände gekauft und alles schön verpackt – was wollte man denen drüben denn sonst schenken? Das wurde alles aufgerissen. Hinterher konntest du dann sehen, wie du deine Siebensachen wieder zusammensuchst. Ich kam mir vor wie ein Verbrecher.

Der zweite Schock folgte gleich in Lübeck. Der Zug, mit dem ich eigentlich Richtung Hamburg fahren wollte, fuhr plötzlich wieder in die Richtung, aus der ich gekommen war. »Oh Gott, nicht zurück in den Osten!« habe ich gebetet. Irgendwann bog der Zug dann glücklicherweise ab.

Der Intercity, mit dem ich anschließend von Hamburg nach Stuttgart fuhr, hat mich schwer beeindruckt. Ich weiß noch, dass ich meine Eindrücke gleich im Zug für meine Kinder aufgeschrieben und den Brief noch am selben Abend nach Hause geschickt habe. Die Türen des IC schlossen sich für mich wie von Geisterhand, auf der Toilette kam ich überhaupt nicht zurecht. Wo sollte ich spülen? Wie wäscht man sich die Hände? Aber der Schaffner und auch alle anderen Reisenden waren sehr nett. Es gab kaum Fahrgeräusche; bei uns hat man doch jeden Schienenstoß gespürt. Dann kam auch noch ein Kellner mit Kaffee durch den Zug. Ich konnte mir freilich keinen leisten.

Ich hatte dann auch später in Stuttgart immer Probleme, wenn wir in Gaststätten essen gegangen sind. »Um Gottes Willen, so viel Geld für ein Essen!« habe ich gesagt. »Guck auf die Speisen und nicht auf die Preise«, hat mich der Mann meiner Cousine ermutigt. Das Riesenangebot erschlug mich regelrecht. Ich konnte mich nie entscheiden. Meine Cousine wollte mir noch irgendetwas kaufen, aber ich war nicht in der Lage zu sagen, was mir gefällt. Das war alles schön, aber einfach zu viel.

Nach den paar Tagen in Baden-Württemberg hatte ich den Eindruck, im Westen blüht jede Blume bunter, jeder Baum ist grüner, jeder Vogel singt schöner. Die mit Blumen geschmückten Häuser überall und dann, als Kontrast, das Grau in Grau bei uns zu Hause. Aber das waren nur die Äußerlichkeiten. Ich habe in den paar Tagen immer wieder Leute kennen gelernt, oft einfache Handwerker oder mittlere Angestellte, die sich ein kleines Haus gebaut hatten. Die hatten alle einen vernünftigen Lebensstandard, selbst wenn nur einer arbeitete. Wir wohnten mit zwei Kindern in einer Neubauwohnung gegenüber vom so genannten Russenblock, in dem Angehörige der Sowjetarmee mit ihren Familien lebten. Je länger ich über unsere Situation nachdachte, desto verzweifelter wurde ich. Was hatten wir falsch gemacht, mein Mann und ich? Wir hatten beide 25 Jahre lang in Vollzeit gearbeitet, zwei Kinder großgezogen und nebenbei ein Fernstudium abgeschlossen. Und trotzdem war irgendwie alles trist und trostlos.

Wir haben nach meiner Rückkehr lange darüber geredet. Unterm Strich stand die Frage: »Was machen wir eigentlich hier?« Und wenn man darüber erst einmal nachdenkt, hat man schon verloren. Oder gewonnen, je nachdem. Mein Mann gab sein »Dokument«, das SED-Parteibuch, zurück und verlor seinen Posten als Technischer Direktor im Sägewerk. Im Frühjahr 1989 haben wir schließlich die ständige Ausreise beantragt. Ich wollte nur noch weg. Das konnte doch nicht alles gewesen sein im Leben. Wir haben uns gesagt: »Wir haben zwei Hände zum Arbeiten, wir packen das.« Gott sei Dank kam dann bald die Wende. Wir gingen aber trotzdem in den Westen und zogen Anfang Dezember 1989 in die Einliegerwohnung meiner Cousine nach Esslingen. Am 1. Februar 1990 hatten wir unsere erste eigene Wohnung und zwei Wochen später beide Arbeit in Stuttgart. Wir wollten jetzt leben, nicht noch einmal zehn oder fünfzehn Jahre warten. Ich habe das alles nie bereut. Erst elf Jahre später bin ich aus familiären Gründen nach Grevesmühlen zurückgezogen.

»Ich kam mir vor wie Caspar Hauser«

Frank Jüngling, Jahrgang 1957, Sportlehrer, Unternehmer, lebt in Jena (Thüringen)

Meine erste Reise in den Westen machte ich im Oktober 1988. Ich reparierte zu der Zeit mit einem Kumpel das Schieferdach einer Kirche und arbeitete nebenbei als Rettungsschwimmer. Mein Kumpel war wie ich Sportlehrer, aber auch nicht mehr im Schuldienst. Dieses diktatorische System ist mir so auf den Wecker gegangen, dass ich mir Jobs mit mehr Freiheiten gesucht habe. Im Hinterkopf hatte ich immer den Gedanken, meinen Onkel in Bayern zu seinem 50. Geburtstag zu besuchen. Eine Besuchsreise zur Silberhochzeit ein Jahr zuvor war abgelehnt worden. Da hatte ich unter das Kapitel DDR einen Schlussstrich gezogen.

Das Schlimmste war die Bevormundung. Dass ich mir von irgendwelchen dummen, naiven Typen die Welt erklären lassen musste. Dass ich gezwungen war, jeden Tag über ein System zu reden, mich mit ihm auseinander zu setzen, aber es nicht mit eigenen Augen anschauen durfte. Und ganz schlimm für mich war diese Talfahrt des Landes, dieser Verfall, auch in moralischer Hinsicht. Die Bonzen jagten dem Westgeld hinterher; alles wurde in den Westen verkauft.

Ich bin ein Mensch, der Heimat braucht. Aber diese Heimat hier habe ich damals nur noch gehasst. Diese Zustände! Und du konntest nichts machen. Du wusstest genau: Wenn du aus der Rolle fällst, dann schicken die dich in den Knast. Du hast keine Rechte, keine unabhängige Justiz. Die können mit dir machen, was sie wollen. Der ganze Laden wurde doch nur noch mit militärischer Gewalt zusammengehalten. Was viele Leute nicht wissen oder nicht wissen wollen: Das Fundament dieses Staates war, dass an der Grenze Leute erschossen wurden, wenn sie wegwollten. Darauf war dieser Staat erbaut. An dieser Stelle musste er sein wahres Gesicht zeigen. Da war nichts mehr zu vertuschen. Als das Fundament 1989 dann plötzlich weg war, funktionierte das Regime noch einige Stunden lang, dann brach es in sich zusammen.

Meine für 1988 beantragte Besuchsreise wurde dann einen Tag vor der geplanten Abfahrt tatsächlich genehmigt. Früh stand ich pünktlich halb neun auf dem Bahnhof und wartete auf den Interzonenzug. 100 Westmark, die ich mal von meinem Onkel bekommen hatte, waren in einen Strumpf gewickelt. Man durfte ja nur 15 Ostmark tauschen, und ich wollte nicht wie ein Bettler dort ankommen. Der Grenzbahnhof in Probstzella war unschwer zu erkennen. Alles umgeben von Stacheldraht, wie eine Mausefalle. Überall Polizei und Hunde. Ich saß allein in meinem Abteil, und dann kam so ein aalglatter Typ rein. Zuerst nahm er alles in Augenschein, er schaute sogar in den Abfalleimer. Dann war mein Gepäck dran. Ich musste alles auspacken, und er befühlte jedes Teil einzeln. Als er die Strümpfe mit den 100 D-Mark in die Hand nahm, wäre ich fast gestorben. Ich hatte die Situation total unterschätzt. Aber ich hatte Glück; er fragte nur, wie viel Geld ich mithabe, und ich zählte ihm das offizielle vor. Was ich zu viel an Ostgeld mitführte, zog er ein. Das bekam ich dann später auf der Sparkasse zurück. Die ganze Kontrolle war so stressig, dass ich hinterher völlig durchgeschwitzt war. Mir brummte der Schädel, als der Typ endlich raus war.

Von dem Moment, in dem der Zug anrollte, hatte ich vorher schon hundertmal geträumt. Aber dann kamen noch die ganzen Sperranlagen, noch ein Zaun und noch ein Zaun und noch einer. Das hörte gar nicht auf. Dann habe ich eine kleine, sauber asphaltierte Straße gesehen. Da wusste ich: Jetzt bin ich im Westen. Auf dem ersten Bahnhof hinter der Grenze sagte eine Lautsprecherstimme: »Herzlich willkommen den Bürgern aus der DDR.« Mit einem Schlag war die ganze Angst weg. Da habe ich genau gewusst, hier wird mir niemand was tun. Das war wirklich ein Schlüsselerlebnis. Und gleichzeitig war da Wehmut: Du kommst aus dem Land, in dem du geboren bist, in ein anderes, und plötzlich fühlst du dich, na ja, nicht zu Hause, aber frei. Du bist wer, du bist unantastbar. Du musst nicht mehr kuschen.

Was mich zuerst am meisten beeindruckt hat, waren die ordentlichen Dächer auf den Häusern. Ziegeldächer in bester Qualität.

Und die viele Industrie. Ich habe alles in mich aufgesogen. Es hat mich richtig angestrengt, immer aus dem Fenster zu gucken.

In Nürnberg hatte ich eine Stunde Aufenthalt und bin im Bahnhof schlendern gegangen. Im Hinterkopf hatte ich aber den Gedanken: BRD gleich hohe Kriminalität. Du musst jetzt aufpassen, sonst kriegst du eine auf die Mütze. Vor dem Bahnhof stand eine Riesenschlange Taxis. So etwas hatte ich noch nie gesehen. Daneben standen ein paar Ausländer. Ich habe vermieden, sie anzuschauen, so tief steckten die Vorurteile.

Als ich in München aus dem Zug stieg, hörte ich die Durchsage der Anschlusszüge. Ich kam wir vor wie auf einem anderen Planeten. Wien, Paris, Innsbruck, all die bekannten Städte. Ich habe gedacht: »Was für ein Wahnsinn! Da könnte ich jetzt überall hinfahren.«

Meine Tante holte mich vom Bahnhof ab. Sie wollte gleich noch ein paar Geschenke für den Geburtstag meines Onkels kaufen, und ich sollte ein Jagdmesser bekommen. Du bist gut, dachte ich, du musst doch erst mal sehen, ob sie in dem Laden überhaupt eins haben. Auf dem Viktualienmarkt wollten wir Käse kaufen. Meine Tante wusste nicht so recht, welchen, und probierte und suchte. Diesen ja, den eher nicht. Ich habe die ganze Zeit gedacht: »Wann rastet die Verkäuferin aus? Gleich geht sie hoch und sagt: ›Wenn Sie nicht wissen, was Sie wollen, scheren Sie sich raus.‹« Aber sie blieb die ganze Zeit ruhig. Ich meine, in der DDR, da waren schließlich die Verkäuferinnen König. Da fühlte der Kunde vorsichtig vor, ob er mal wieder »reinfragen« könne, wenn es, wie so oft, irgendwas nicht gab. »Hamsenich, na ja, aber reinfragen darf ich doch mal wieder?« – »Ja, ja«, sagte dann die DDR-Verkäuferin gnädig.

Gleich am zweiten Tag wollten wir über Mittenwald nach Österreich fahren. Ich saß im Auto und überlegte die ganze Fahrt über, ob ich jetzt vor dem Fernseher sitze oder ob doch alles echt ist. Irgendwann habe ich gesagt: »Passt mal auf, ich muss hier mal raus, ich muss das alles anfassen, eine Straße langgehen.« Mittags um halb zwei stand ich bei Kaiserwetter auf der Zugspitze und schaute in Richtung Italien. Und noch beeindruckender als die Alpen war die Tatsache, dass kein Mensch gemerkt hat, dass ich aus der DDR komme. Du hattest ja immer das Gefühl, du bist die zweite Garnitur, du gehörst gar nicht hierher, du bist nur mal hier reingesetzt worden. Ich kam mir vor wie Caspar Hauser. Ich konnte, obwohl ich schon erwachsen war, eine völlig neue Welt entdecken. Kleine, alltägliche Dinge, die einem heute nicht mehr auffallen, wie diese Straßenbegrenzungspfosten, die nachts das Licht unglaublich reflektieren. Oder, wie freundlich und höflich die Menschen drüben miteinander umgegangen sind.

Dazubleiben stand für mich außer Frage. Ich hatte zu Hause eine Frau und drei kleine Kinder. Außerdem habe ich mich dem westlichen System nicht wirklich gewachsen gefühlt.

Dass ich wieder in der Heimat war, habe ich zuerst am Gestank der Kohleheizungen gemerkt. Die Luft wurde immer dicker. Dort, wo sie am dicksten war, in einem schwarzen Loch, musste ich aussteigen. Zu meiner Frau habe ich gesagt: »In diesem Land sterbe ich nicht, nicht hier. Ich hätte gern, dass meine Jungs hier rauskommen, dass die nicht noch mal das ganze Affentheater mitmachen müssen.«

Es gab bestimmt kaum einen, der sich mehr gefreut hat als ich, als ein Jahr später alles den Bach runterging.

»Ihr seid alle Lügner«

Ingolf Musack, Angestellter, Jahrgang 1951, lebt in Hagen (Nordrhein-Westfalen)

Mein Schwiegervater, der in Hagen lebte, feierte im Frühjahr 1989 seinen 60. Geburtstag. Wir hatten zwei Pässe für zwei Wochen im April 1989 bekommen, ganz ohne Theater und Nachhaken. Meine Frau und ich sind noch in der Nacht mit dem Zug in Jena losgefahren. Wir wollten jede Minute nutzen. In unserem Abteil saß eine Frau in Trauerkleidung, die fuhr zu einer Beerdigung. Ich sagte noch zu Gabi: »Gott sei Dank hat unser Besuch einen erfreulichen Anlass.«

Hamm war der erste Stopp im Westen, und natürlich war das überwältigend, allein schon die Sauberkeit. Wir sind in einem der Einkaufszentren versackt, und ich konnte die ganze Zeit an nichts anderes als meinen Parteisekretär denken. Der hatte immer alles schwarzweiß gemalt, aber ich sah mit eigenen Augen, dass es nicht so war. Ich dachte, die haben dich nur belogen. Ich war in der Partei, in der SED. Da mein Schwiegervater im Westen lebte und ich als Ringertrainer in den Sport einsteigen wollte, war das unumgänglich. Ich habe beim Deutschen Turn- und Sportbund nur als Parteimitglied anfangen können. Wäre ich charakterstark gewesen, hätte ich weiter als Werkzeugmacher bei Zeiss gearbeitet, so einfach ist das. Aber ich wollte damals eben das tun, was mir am meisten Spaß gemacht hat.

Beim ersten Zwischenstopp in Hamm war ich also schon ziemlich durcheinander, habe aber noch alles in mich reingefressen und meine Gedanken und Eindrücke für mich behalten. Wir waren auch viel zu verschüchtert, um mit irgendjemandem ins Gespräch zu kommen. Es hat sich wirklich alles angefühlt wie ein Traum. In Hagen saß dann die ganze Familie zusammen, wir haben uns alle ein bisschen amüsiert, unter anderem auch über unseren Dialekt.

Nur einer meiner Schwägerinnen ging es offensichtlich nicht gut. Wir haben dann erfahren, dass sie depressiv und stark selbstmordgefährdet ist. Und während wir am nächsten Morgen oben frühstückten, erhängte sie sich in ihrer Wohnung im selben Haus. Nach diesem Ereignis wollten wir eigentlich sofort nach Hause fahren, aber es hieß: »Ihr bleibt hier!« Natürlich hatte in dieser Situation jeder mit sich zu tun und alles, was für unseren Besuch geplant worden war, stand im Hintergrund. Wir waren bei unseren Unternehmungen ganz auf uns allein gestellt. Wir mussten an die Frau im Zug denken und daran, wie wir uns darüber gefreut hatten, zum Geburtstag und nicht zu einer Beerdigung zu fahren.

Der Kiosk, in dem meine Schwägerin gearbeitet hatte, musste weitergeführt werden; dort haben wir mit ausgeholfen, aber die meiste Zeit waren wir für uns allein. Und mit jedem Tag sind mir mehr Dinge aufgefallen: Ich habe zum Beispiel keine Fahnen mehr gesehen. Bei uns hingen die doch überall. Und dazu diese Sprüche. Und alle, die wir trafen, waren neugierig. »Wie geht es euch, was arbeitet ihr?« Im Urlaub am Balaton in Ungarn habe ich immer selbstbewusst mit den Wessis diskutiert. Ich war davon überzeugt, dass wir das bessere System hatten. Ich habe immer gesagt, wir sind Diplomaten im Trainingsanzug, wir sind gut. In Hagen war ich so klein mit Hut – ich hatte keine Argumente mehr.

Als wir am 4. Mai 1989 zurückfuhren, fand ich die Vorstellung, wieder in die DDR zurückzumüssen, einfach nur schrecklich. In Kassel bin ich aus dem Zug gestiegen und habe gesagt: »Ich steige nicht wieder ein.« Es war die letzte Möglichkeit zu bleiben; ich wollte verdammt noch mal nicht wieder in diese DDR zurück. Ich war fest entschlossen, dazubleiben, ich war sogar nah dran, meine Frau allein fahren zu lassen. Sie hat mich angefleht mitzukommen, obwohl sie auch unsicher war. Letztlich waren es die Kinder, die mich zur Vernunft gebracht haben. Unsere Töchter waren damals zwölf und siebzehn und warteten zu Hause auf uns. Ich stieg also wieder ein. Jetzt kam es für mich erst richtig schlimm. Das Erste, was mir hinter der Grenze entgegenloderte, waren zehn Fahnen. Die hingen noch vom 1. Mai an den Masten. Dazu dicke Sprüche, und überall an den Grenzstationen und an den Bahnhöfen fiel der Putz von den Gebäuden ab. Grünspan, wo du hinsahst. Da habe ich nur gedacht: »Und du Idiot bist in dieser Scheißpartei!« Das Schlimmste war die Kontrolle: Die Grenzbeamtin behandelte uns einfach fies. Es kam mir so vor, als wäre sie neidisch auf uns, weil wir drüben gewesen waren.

Nach meiner Rückkehr hatte ich richtige Beklemmungen, ich kam nicht mehr zurecht. Bis dahin hatte ich jeden Tag an meinem neuen Haus gearbeitet und im Garten geschuftet. Ab dem Tag habe ich keinen Spaten mehr in die Hand genommen, kein Unkraut mehr gezupft, keinen Handschlag mehr getan. Nichts. Es ging nicht mehr. Und dann komme ich auf die Arbeit, und da sagt mein Parteisekretär zu mir, ich soll für ihn am Montag einen Termin beim Rat des Kreises wahrnehmen. Ich habe nur gesagt: »Zu deinem Scheiß kannst du selbst hingehen.« Er darauf: »Wie sprichst du mit mir, Musack? Das melde ich.« Ich sagte: »Du kannst mir den Buckel runterrutschen, ihr seid alle Lügner.« So ungefähr. Ich wollte nichts mehr mit dem ganzen Kram zu tun haben. Mit meiner Frau habe ich das ganze Wochenende diskutiert. »Wir hauen ab hier«, habe ich gesagt. »Ich kriege hier keine Luft mehr.« Ich war mit allem nur noch unzufrieden. Als meine kleine Tochter aus der Schule kam, habe ich sie an die Hand genommen und zu ihr gesagt: »An diesen Tag wirst du dich immer erinnern.« Dann lief ich mit ihr von Jena Ost ins Zentrum auf die Post und gab ein Telegramm auf: »Lieber Opa, wir kommen für immer.« Damit war klar, dass die Staatssicherheit in mein Leben treten würde. Eine Woche später stellten wir einen Antrag auf Ausreise. Wir klingelten bei der Jenaer Stelle des Ministeriums des Innern. Man musste dafür eine steile Holztreppe hinauf, und der, der oben die Tür öffnete, schaute generell auf dich herab. Wir standen dort, und ich sagte leise: »Wir möchten bitte die ständige Ausreise in die Bundesrepublik Deutschland beantragen.« – »Ihre Ausweise!« Der Diensthabende nahm die Ausweise sofort mit. Tür zu. Meine Frau und ich standen ganz allein draußen. Dann erhielten wir die Ausweise zurück mit den Worten: »Heute ist kein Sprechtag.«

Als ich dann erneut dort war, musste ich ewig warten, bis ich den Antrag abgeben konnte. Es war sauheiß dadrin und die haben mich wig warten lassen. Ich habe gesagt: »Machen Sie bitte mal das Fenster auf, hier drin ist schlechte Luft.« – »Hat keiner gesagt, dass

Sie herkommen sollen.« Heute lache ich darüber. Wer da drin saß, hatte keine Angst mehr. Die Leute kamen raus und haben sich mit »Viel Glück!« verabschiedet. Als wir das letzte Mal dort waren, hatten sie den Erich im Wartezimmer schon abgehängt.

Natürlich wurden in unserem Umfeld sofort nach der Antragstellung alle entsprechenden Leute informiert, auch mein Parteisekretär. Die wollten uns provozieren, die wollten uns politisch fertig machen, damit wir irgendetwas Falsches sagen. Dann hätten sie uns sofort verhaften können. Die hätten nur auf einen Klingelknopf drücken müssen, und wir wären sofort in Handschellen abgeführt worden. Ich wollte nicht unbedingt in den Knast, so als Märtyrer. Den ganzen Kummer, den wollte ich nicht.

Als Grund für unsere Entscheidung gaben wir den Unglücksfall meiner Schwägerin an und Familienzusammenführung. Wenn du Verwandtschaft ersten Grades hattest, kein Geheimnisträger warst und politisch unauffällig, durftest du erfahrungsgemäß nach einem halben Jahr von dannen ziehen. Das war bei uns gewährleistet.

Dann ging die Fluchtwelle über Ungarn los, und ich habe zu meiner Frau gesagt: »Guck mal, wir stellen uns an, und die drängeln sich alle vor.« Ich habe schnell einen Antrag auf Besuchsreise nach Bulgarien gestellt, der aber »aus Gründen der nationalen Sicherheit« nicht genehmigt wurde. Damit waren wir praktisch eingeschlossen. Ich habe dann höflich nachgefragt, wie es weitergeht, aber die haben mich sehr unfreundlich behandelt. Manche Leute sind daran zerbrochen. Wir waren eigentlich damals gar nicht hasserfüllt, wir wollten einfach nur weg. Mir ging das auf die Nerven, immer was vormachen zu müssen, die Spinnereien meines Parteisekretärs. Und dieses Gefühl wurde mit der Zeit immer stärker.

Irgendwann kam die Genehmigung für die ständige Ausreise in die BRD, und eine Woche später waren plötzlich die Grenzen offen. Da hatte uns die Zeit eingeholt. Unser Haus haben wir verkauft; das war uns dann alles egal. Am 11. November abends sind wir noch zum Fasching gegangen, und am nächsten Morgen fuhren wir los. Mit unserem Dacia und einem Hänger hinten dran, den ich extra noch gekauft hatte. Wir wussten ja nicht, ob die Grenzen offen bleiben, und in dem halben Jahr Wartezeit hatten wir schon ungefähr 30 Pakete zu meinem Schwiegervater geschickt, Ostpakete sozusagen. An der Grenze in Hirschberg behandelten die uns wie Schwerverbrecher. Der Offizier fragte: »Haben Sie Geld?« – »Ja, 1000 Mark, können Sie haben.« – »Was? Die geben Sie da vorn ab!« Ich musste zurück, zu einer kleinen Bank. »Ich möchte 1000 Mark an meinen Vater überweisen.« – »Wollen Sie nichts tauschen?« – »Nein, ständige Ausreise.« – »Was? Was willste denn da drüben?« Dort wohnten natürlich nur noch hundertprozentige DDR-Bürger.

Jenseits der Grenze standen schon die Kameras. ZDF, ARD, Bayerisches Fernsehen. Für ständig Ausreisende gab es einen Extraausgang. Die Leute in den Westautos begrüßten uns überall mit Lichthupe – damals freuten sich noch alle, dass die Grenze auf war. In Kronach nahm uns erst einmal ein Bekannter in Empfang. Im Ort hast du nur DDR-Autos gesehen, es ging nur im Schritttempo vorwärts. Ich werde auch nie vergessen, was ich dort in der Gaststätte gegessen habe: Matjesfilet nach Art des Hauses mit Kartoffeln. Bei uns gabs ja nur Makrelen. Dann ging es nach Hagen zu meinem Schwiegervater.

Ich fand schon nach einer Woche Arbeit. Inzwischen fühlen wir uns vollkommen integriert. Manches verletzt mich aber heute noch. Für die Leute hier sind die Ossis an allem schuld. Ich höre dann zwar immer: »Dich meinen wir ja nicht, Ingolf«, aber mich verletzt das. Die wissen ja hier auch nur zufällig, dass es im Osten ein Rostock und ein Berlin gibt, und Dresden kennen sie vielleicht noch. Mehr nicht. Das ist ganz schlimm. Am Anfang wollte ich öfter wieder nach Jena zurück. Unsere Mädchen hatten zwischenzeitlich sogar Freunde in Jena … Aber das ist lange vorbei.

»*Es ging um die Kinder*«

Christel Malchow, Jahrgang 1953, Ärztin, lebt in Ammerthal (Bayern)

Dass ich in die Deutsche Botschaft nach Prag fahren würde, das hat sich innerhalb von nicht einmal zwei Tagen entschieden. Ich habe alles stehen und liegen lassen. Die Wäsche hing auf der Leine, die Kindern wussten von nichts. Nur mein Vater war eingeweiht, er sollte sich um meine Katze kümmern. Wir saßen im Garten auf der Hollywoodschaukel und sprachen nur wenige Worte. Das wars. Meine Mutter hat nicht verstanden, warum wir einen Ausreiseantrag gestellt haben. Sie hat immer Angst gehabt, dass ihr daraus berufliche Nachteile entstehen könnten. Mit ihr konnte man gar nicht mehr reden. Ich war dabei, sie als einzige Tochter zu verlassen.

Im Sommer 1989 waren wir mit unserem Boot noch im Urlaub in Mecklenburg – da sind die Leute schon über die ungarische Grenze nach Österreich geflüchtet. Ich hatte als Ärztin gerade gekündigt, ich wollte schon länger weg. Jetzt hatten sie dieses Tor da unten aufgemacht, und wir saßen da oben im Norden. Wir waren Antragsteller, wir wären nirgends hingekommen ohne Visum, außer in die Tschechoslowakei.

Unseren Ausreiseantrag hatten wir gestellt, nachdem mein Mann Weihnachten 1986 bei seiner Oma in Kassel zu Besuch gewesen war. Ich hatte ihm gesagt: »Schau dir das an, und wenn du meinst, dann bleib dort.« Er antwortete: »Mensch, Christel, wir sind doch politisch nicht verfolgt, was soll das?« Und ich darauf: »Es geht doch nicht darum, dass wir dort 'ne Banane kaufen können, es geht um die Kinder!« Warum hätten die Kinder ihr Leben hinter dieser Mauer verbringen sollen? Wir litten ja nicht unter großen Einschränkungen. Wir hatten uns ja alle eingerichtet, es uns gemütlich gemacht.

Wie auch immer, mein Mann war wiedergekommen. An der Grenze bei Herleshausen hatte er das eiserne Grenztor über den

Gleisen gesehen – das war ein furchtbares Erlebnis für ihn. Als er wieder zu Hause war, sagte er zu mir: »Christel, wir stellen den Antrag.« Er war völlig wesensverändert. Wir haben den Antrag dann im April 1987 tatsächlich eingereicht. Und seitdem gewartet. Wir wussten ja, dass es gute anderthalb Jahre dauern würde. Wir waren immer wieder vorgeladen worden beim Rat des Kreises. Eine furchtbare Tortur. Wir wälzten Dokumente und waren mit der Akte von Helsinki auf dem Amt. Ohne Resonanz. Das war so schlimm, dass wir zeitweise Beruhigungsmittel nehmen mussten. Wenn ich heute dort beim ehemaligen Rat des Kreises vorbeifahre, bekomme ich immer noch eine Gänsehaut.

Während dieser Zeit hatten wir fünf befreundete Familien zum Interzonenzug gebracht, die alle offiziell in den Westen ausreisen durften. Im Sommer hatten wir dann genug, und ich kündigte, wie gesagt, noch vor unserem Urlaub. Wir waren so weit zu sagen: »Das machen wir hier nicht mehr mit! Wir wollen nicht mehr. Wir fühlen uns hier nicht als freie Menschen.«

Nun waren wir dort oben im Urlaub und sahen, wie die Fuhre abging. Viele hatten es ohne Antrag über die ungarische Grenze in den Westen geschafft.

Im September spitzte sich die Lage im Land zu. Wir waren regelmäßig jeden Freitag in der Kirche zur Fürbitte, zusammen mit vielen anderen Antragstellern. Der Schutz der Kirche gab uns eine gewisse Sicherheit. Wir wollten möglichst kein Risiko für unsere Familie eingehen. Wir hörten von Eltern, denen das Sorgerecht für ihre Kinder entzogen worden war, und deren Kinder daraufhin in einem Heim untergebracht wurden. Davor hatten wir natürlich große Angst.

Irgendwann im September haben wir gesagt: »Okay, es wird Zeit.« Damals hatte sich Rechtsanwalt Wolfgang Vogel als Vermittler in den besetzten Botschaften eingeschaltet und wollte Genehmigungen zur Ausreise erwirken. Die Leute sollten in die DDR zurückkehren und dann ausreisen dürfen. Wir dachten auch daran, nach Prag in die Botschaft zu fahren. Wir berieten uns mit Freunden und entschieden, dass wir Frauen zusammen nach Prag fahren und dort versuchen sollten, diesen Rechtsanwalt zu erreichen. Wir wollten erst mal die Tür öffnen. Als ich dann mit meiner Freundin im Auto saß, habe ich mir gesagt: »Du bleibst in dieser Botschaft, mindestens bis zum 7. Oktober, dem Republiksfeiertag, weil dann irgendwas passieren *muss.*« Es hat ja geknistert überall.

Ich stehe also am 27. September mit dem Auto an der Grenze, warte, hole meinen Ausweis raus, schlage ihn auf und stelle fest: Es ist der Ausweis meines Mannes. Da hatten sich schon fünf oder sechs andere Autos hinter mir aufgereiht. Ich habe sofort umgedreht, durch meinen Körper lief eine Hitzewelle. Ich traute mich gar nicht, meiner Freundin zu sagen, dass wir zurückmüssen. Man muss sich mal vorstellen, was das für ein Zeichen war! Vielleicht bedeutete es: Bleib lieber hier, verlass deine Kinder nicht. Aber ich wusste, ich kann mich auf meinen Mann hundertprozentig verlassen, meine Kinder sind in guten Händen. Ich habe ihn von irgendeiner Telefonzelle aus angerufen, und zwei Stunden später tauschten wir in Neustadt an der Orla unsere Ausweise.

Meine Freundin und ich sind wieder zur Grenze gefahren, und dort haben sie uns heftig gefilzt. Ich hatte Gott sei Dank keine Dokumente mit, die schmuggelte mein Schwiegervater später rüber – zwischen Oktober und November.

Während ich auf dem Weg nach Prag war, hat mein Mann zu Hause die Wohnung ausgeräumt. Bei Nacht und Nebel brachte er die Kisten, die schon seit zwei Jahren gepackt waren, zu seinen Eltern. Meine Schwiegermutter hatte so große Angst vor der Stasi, dass sie alles bei sich wieder auspackte. Mein Schwiegervater ist dann später, als mein Mann auch weg war, zur Stadtverwaltung gegangen und hat gesagt, dass wir nicht wiederkommen. Die Wohnung ist daraufhin versiegelt worden. Es war kaum noch was drin, wir hatten ja wirklich nur noch auf unsere Ausreisegenehmigung gewartet.

Als wir Frauen in Prag nach circa zehn Stunden Fahrt ankamen, waren wir sehr aufgeregt, aber auch müde von der Fahrt. Ich hatte nur eine kleine, grauweiße Sporttasche dabei und trug meinen Jeansanzug. Den habe ich heute noch, den werfe ich nicht weg. Wir sind dann so gegen sechs Uhr abends Richtung Mala Strana gelaufen, wo sich die Botschaft befand. Wir wussten nicht, ob wir schnell oder langsam laufen sollten. Ob da Leute von der Stasi standen oder Miliz, ob sie uns aufhalten oder verhaften würden. Wir konnten ja niemanden fragen. Wir haben uns an den Händen gefasst und sind schnurstracks dorthin gestürmt. Meine Freundin kannte sich aus, weil sie öfter in Prag Urlaub gemacht hatte.

An den Toren der Botschaft stand überall tschechische Miliz. Deshalb entschieden wir, hinter die Botschaft zu gehen, zum Garten. Da war dieser schrecklich hohe Zaun. Ich habe zu meiner Freundin gesagt: »Ich komm da nie rüber!« – »Ach klar«, hat sie gesagt, »das schaffen wir schon.« Auf der anderen Seite ging es drei Meter in die Tiefe, aber da standen schon Leute, die uns auffingen und uns begrüßten: »Kommt doch rein, hier ist schon allerhand los.« Für mich war es eine Erlösung, auf der anderen Seite herunterzufallen, obwohl ich sofort im Schlamm versunken bin. Es hatte ja tagelang geregnet. In einem Zelt hat man uns registriert. Es waren zu dem Zeitpunkt an die 2000 Leute in der Botschaft und am Ende über 4000. Rechtsanwalt Vogel war natürlich schon weg, das haben wir am nächsten Morgen erfahren. Nach einem Gespräch mit Konsul Weber war für mich klar: Hier gehe ich nicht mehr raus. Die können am 7. Oktober in Berlin nicht einfach ihr Jubelfest feiern, und in den Botschaften sitzen Tausende von DDR-Bürgern.

Als wir eintrafen, war in der Botschaft alles noch relativ übersichtlich. Aber es kamen immer mehr Flüchtlinge, und alle Räume, auch die Festsäle wurden für uns geräumt. Wir wurden in einem Raum mit anderen Frauen und Kindern untergebracht. Die Männer mussten im Gang in Stockbetten schlafen, von denen teilweise vier übereinander gestapelt waren. Am nächsten Tag saßen wir auf der Treppe. Wir sind immer weiter nach oben gewandert, bis zum Dachboden, dort hatten wir relative Ruhe zum Schlafen.

Die hygienischen Zustände waren eine Katastrophe. Es herrschte Seuchengefahr. Es war total krass. Vor dem Klo musstest du dich stundenlang anstellen, es gab ja nur ein paar Toiletten. Aber die Versorgung durch das DRK klappte hervorragend. Wir hatten Tag und Nacht dieselben Sachen an und sahen ziemlich mitgenommen aus. Wir machten immer wieder unsere Schuhe sauber, denn die weinroten Teppichbeläge auf den Treppenstufen in diesem wunderbaren Lobkowitz-Palast waren schon voll mit getrocknetem Schlamm. Wir haben versucht, den Schmutz mit unseren kleinen Handbürsten zu entfernen, damit wir dort sitzen konnten. Doch irgendwann hast du die Zustände einfach so genommen, wie sie waren. Aber für meine Kinder wollte ich das nicht. Sie sollten nicht in die Botschaft kommen. Ich ging zum Zaun, und dort standen die vielen gaffenden und schaulustigen Menschen aus aller Welt. Da waren die Kameras von ARD, ZDF, RTL, und ich musste aufpassen, nicht ins Bild zu kommen. Ich habe dann eine Gymnasiastin aus dem Westen erwischt und gesagt: »Tun Sie mir einen Gefallen, schicken Sie ein Telegramm an meinen Mann: Chaotische Verhältnisse. Bitte nicht kommen!«

Inzwischen hatte Günter aber schon die Sachen gepackt. Die Kinder waren an dem Tag noch in der Schule, sie kamen heim und mein Mann hat gesagt: »Wir fahren zum Segeln an den Eger-Stausee.« Ich wollte ja eigentlich auch, dass er mit den Kindern kommt. Aber wir hatten das so nicht abgesprochen. Spontane Familienzusammenführung in der Botschaft also, auch für die Familie meiner Freundin. Sie war seelisch schon völlig fertig, sie hat geheult. Sie hatte ja auch zwei Kinder. Ich musste sie beruhigen. An diesem Abend hatten wir uns oben an eine der Treppen gelegt und waren schon eingeschlafen. Auf einmal geht diese riesige Tür auf, und da stehen die Kinder und Günter mit seinem Hut. Im Auto hatte mein Mann den Kindern erklärt: »Wir fahren nicht zum Stausee, wir fahren zur Mama nach Prag in die Botschaft.« Mein Sohn fragte ihn daraufhin: »Papa, jetzt sind wir wohl Flüchtlinge?« Und meine Tochter fing an zu heulen – Barbie weg, Meerschweinchen zu Hause. Die wussten ja auch nicht, was auf sie zukam, und hatten sich von niemandem verabschieden können. Es war schon verrückt! Jetzt waren wir wieder zusammen, meine Kinder, mein Mann und ich.

Dass am Abend darauf Genscher kommen würde, das wusste zu diesem Zeitpunkt niemand. Irgendwann gegen fünf Uhr nachmittags hieß es, Herr Genscher ist im Haus. Ich war mit anderen Ärzten zur medizinischen Versorgung eingeteilt und gerade zusammen mit einem Studienkollegen unten im Innenhof. Auf einmal stand Genscher dort auf dem Balkon. Das war sehr ergreifend. Erst kürzlich habe ich diese Szenen wieder im Fernsehen gesehen: Du sitzt vor dem Fernseher, dir läuft es eiskalt den Rücken runter, und du kannst einfach nur heulen. Das ist emotional ein so einschneidender Punkt gewesen, als Genscher dort auf dem Balkon stand und die Worte sprach: »Ich bin zu Ihnen gekommen, um Ihnen zu sagen, dass heute Nacht Ihre Ausreise …« Dann hast du ja nur noch das Grölen der Leute gehört. Wir sind sofort auf die Tische gestiegen und haben uns alle umarmt. Es war unfassbar.

Dann erfuhren wir, dass wir über die DDR geschickt werden sollten. Das hatte Genscher eigentlich verhindern wollen, aber es ging nicht anders. Der erste von vier Zügen sollte gegen Mitternacht, etwa halb zwölf, losfahren. Die Ärzte sollten auf alle Züge verteilt werden, wegen der hochschwangeren Frauen und Kinder, von denen auch einige krank waren. In Hektik sind die Leute aus der Botschaft rausgerannt. Wir haben gewartet, bis die meisten weg waren und haben die freien Toiletten genutzt, um uns erst mal frisch zu machen. Wir wollten uns diesem Stress nicht aussetzen. Man muss sich vorstellen: Diese kleine Straße war über die ganze Breite voller Flüchtlinge.

Mit Bussen wurden wir dann zu einem Bahnhof gebracht, der relativ weit draußen war. Unterwegs hätte man uns ohne weiteres verhaften können, auch schon auf dem Weg zu dem kleinen Platz, wo die Busse standen. Genscher hatte zwar die Zusage gegeben, dass in jedem Zug einige Botschaftsangehörige als Garanten mitfahren würden, trotzdem war das alles relativ unsicher, muss ich sagen. Ich rechne es den Tschechen immer wieder hoch an, dass sie damals nicht eingegriffen haben. Dass sie innerhalb ihres Landes gesagt haben: »Macht, was ihr wollt!« Das war wirklich eine faire Sache.

Als wir auf dem Bahnhof ankamen, musste ich auf Toilette. Kein Zug da, nichts da. Ich musste mich also von den anderen entfernen – oh Gott, war mir schlecht! Ich lief eine Treppe runter, die nächste Treppe wieder hoch und bin da irgendwo hingegangen. Es war finstere Nacht. Es war wirklich unheimlich. Es dauerte dann noch anderthalb Stunden, bis der Zug kam. Auf dem Bahnsteig war es still und angespannt. Wir konnten uns nicht freuen. Für die Kinder hatten wir Schlafsäcke mitgenommen. Es war ja kalt. Kurz nach zwölf, glaube ich, sind wir dann abgefahren, aber ich weiß es nicht mehr genau. Du hattest kein Zeitgefühl mehr, du dachtest bloß noch: Was machst du eigentlich hier? Wir sind in diesen Zug gestiegen, und gegen halb fünf oder halb sechs erreichten wir den Hofer Raum. In Dresden hatte der Zug relativ lange gehalten: Ich hatte Angst. Auf unseren Zug sind sogar noch zwei aufgesprungen, die aus einer Disko in der Nähe kamen. Die stürzten die Treppe runter und in unseren Zug rein. Keine Ahnung, wie die erfahren hatten, dass wir über Dresden fahren. Dann ging es über Chemnitz und Reichenbach weiter. Dort kam es noch mal ganz schlimm. Wir standen eine Dreiviertelstunde. In jeden Wagen kamen diese Herren in langen Mänteln. Sie haben die Abteiltüren aufgerissen und gesagt: »Die Dokumente der Deutschen Demokratischen Republik!« Alles wurde uns abgenommen, bis auf den Führerschein.

Von Hof aus verteilten sie uns in verschiedene Richtungen. Die Hofer brachten Schokolade und Bananen. Das war ein komisches Gefühl. Die waren zwar unheimlich nett, aber es war furchtbar, so angegafft zu werden. Der ganze Bahnsteig war schon voller Suppenküchen und Würstchenstände. Mein Mann ist mit seiner Tasche aus dem Zug gestiegen und hat als Erstes einem Redakteur der *Süddeutschen Zeitung* ein Interview gegeben. Ich sagte: »Günter, wir müssen uns jetzt einen Zug suchen, wir müssen weiter!«

Ich wollte immer nach Baden-Württemberg, aber ein Zug ging nach Gießen und der andere nach Hammelburg. Jetzt hieß es, wir müssen nach Hammelburg, und mein Mann rief immer: »Nach Hammelburg? Da geh ich nicht hin.« Letztlich sind wir in diesen Zug gestiegen. Wir kamen über Würzburg, und ich wusste nicht, wohin die Fahrt geht. Es war irre. Endstation Hammelburg. Die Ankunft dort war eigentlich der unangenehmste Teil. Der Zug hielt, wir stiegen alle aus, der Zug fuhr wieder weg, und auf dem Bahnsteig gegenüber standen die Hammelburger und gafften uns an. Ich habe an die Flüchtlinge aus Schlesien und Ostpreußen denken müssen, die nach dem Krieg mit nichts ankamen, unter viel, viel schlimmeren Bedingungen. Und ich dachte: Wie furchtbar ist es, wenn du Flüchtling bist! Die Leute auf dem Bahnsteig waren nicht freundlich, die haben auch nicht gelacht. Da war eine Distanz spürbar.

In der Hammelburger Kaserne sind wir aber sehr herzlich empfangen worden. Die hatte man innerhalb von ein paar Stunden für uns geräumt. Dort konnten wir uns endlich waschen. Anschließend gab es die erste warme Suppe nach 24 Stunden. Danach sind wir wie tot in die Betten gefallen. Wir haben nicht mehr viel geredet.

Meine Verwandten aus Kassel haben uns schon zwei Tage später dort abgeholt, die Kinder sind eine Woche lang bei ihnen geblieben. Meine Kinder beschweren sich heute noch, dass sie deshalb die Hüpfburgen und die tollen Spielsachen in den Lagern nicht miterleben durften. Erst in dem großen Lager in Soest waren sie wieder bei uns.

Dann ging es von einem Lager ins andere, und immer wieder wurden wir registriert. Wir mussten entscheiden, wohin wir gehen wollten. Bekannte von uns waren in Niedersachsen gelandet, mein Schwager lebte in Westfalen, also haben wir gesagt: »Okay, Westfalen.« Fünf Wochen nach unserer Ankunft waren wir in Münster bei den Johannitern untergekommen. Dort war erst mal Endstation, und wir mussten uns nach einem Job umschauen.

Das war schon ein Hoffnungsschimmer, dass wir es bis dahin geschafft hatten. Aber die Anspannung ist nicht von mir abgefallen. Die blieb noch mindestens ein Vierteljahr. Wenn ich mir jetzt nach 15 Jahren überlege, wie furchtbar und wie anstrengend das war, was wir da gemacht haben ... Ich fiel jeden Abend um halb neun ins Bett, so kaputt war ich. Dabei habe ich dort nichts anderes getan, als mich um die Kinder zu kümmern und beim Arbeitsamt oder beim Einwohnermeldeamt zu sitzen.

Die Kinder sind schon 14 Tage nach unserer Ankunft in Münster in die Schule gegangen. Aber wir wussten ziemlich schnell, dass wir dort keinen Job finden würden. Also haben wir von Münster aus Bewerbungen auch woandershin geschickt. Bis Anfang Dezember waren wir bei den Johannitern wie in einem Hotel untergebracht, bis wir dann merkten, dass unser gesamtes Arbeitslosengeld dafür verwendet wird. Wir wollten aber unseren Kindern wenigstens ein paar Lego-Bausteine zu Weihnachten schenken und haben uns deshalb über das Amt um eine eigene Wohnung bemüht. Zusammen mit der befreundeten Familie haben wir dann eine Wohnung im schlimmsten Viertel der Stadt bezogen – eine Sozialwohnung am Stadtrand. Also, wir haben alles mitgemacht. Wir haben zu acht in einer Drei-Raum-Wohnung gelebt. Diese Enge, furchtbar.

Zum Einkaufen bin ich dann einmal in Münster in ein großes Kaufhaus gegangen. Da habe ich Panik gekriegt. Das war zu viel für mich. Ein Kulturschock. Dieses Überangebot! Du wusstest nicht mehr, was du eigentlich kaufen wolltest. Ich habe lange gebraucht, um mir darüber klar zu werden. Heute gehe ich ab und zu mal zum Aldi, aber nach zehn Minuten bin ich wieder draußen. Wenn viele Menschen drin sind, gehe ich gar nicht erst rein. Supermarkt ist für mich ein Alptraum.

Als die Grenzen offen waren, habe ich ernsthaft überlegt zurückzugehen. Aber da gab es keine Diskussion: »Bist du verrückt?« hat mein Mann gesagt, »Jetzt, wo wir alle Hindernisse überwunden haben?«

Schon im Januar 1990 hat mein Mann in Nürnberg Arbeit gefunden. Ich blieb mit den Kindern noch bis Februar in Münster. Die Kinder hatten sich dort super eingelebt. Der Direktor der Schule hatte sie mit den Worten begrüßt: »Es ist so toll, dass ihr jetzt hier sein könnt.« Mütter von Mitschülern riefen uns an und luden uns zum Kaffee ein. Wir mussten ihnen von unserer Flucht erzählen. Diese ganze Euphorie war im Februar 1990, als wir nach Bayern zogen, schon vorbei. Da hatten sie schon die Nase voll von den Ossis. Das haben wir gespürt. Ich habe nie nach Bayern gewollt, auch wegen der Religion und des Schulsystems, für die Kinder war es ein schwerer Weg zum Abitur. Was mich betrifft – ich wollte nach einem Jahr gar nicht mehr weg. Dabei hatte ich am Anfang nicht das Gefühl, dass es jetzt so ist, wie ich es mir vorgestellt habe.

Sicher hätten wir es einfacher haben können. Andere sind gleich zu Verwandten gezogen. Das wollten wir nicht. Wir haben gesagt, wir gehen unseren Weg allein. Den Start in die neue Zukunft sind wir voller Optimismus angegangen, doch zeitweise war ich wirklich am Boden. Aber wir haben es geschafft. Ende 1991 hatten wir den Mut, uns ein Haus in der Nähe von Amberg zu kaufen; wir wollten uns einen Lebensmittelpunkt schaffen. Aber der Weg dahin war schwer. Da kannst du alle fragen, die weggegangen sind – irgendwie bleibt das Gefühl, nicht einheimisch zu sein. So ist es eben.

Dieser Gang ins Ungewisse – das muss man im Nachhinein sagen – war ganz schön mutig, weil du alles zurücklässt. Du sagst einfach »Schluss«. Bevor ich damals früh um sieben in Thüringen losgefahren bin, habe ich noch einmal aus dem Fenster geschaut und gedacht: »Wirst du hier jemals wieder herkommen?« Ich hätte das nie geglaubt, aber ich bin tatsächlich nie wieder dorthin zurückgekommen.

Mein Herz wird immer für Thüringen schlagen. Wir haben Brücken gebaut zwischen Thüringen und Bayern, auch dank der guten Bindung zu unseren Eltern, zur Familie und zu unseren Freunden. Auf diese Art bin ich doch zurückgekehrt.

»*Über der DDR habe ich auf meine Freiheit angestoßen*«

Nadja Thauer, Jahrgang 1969, Facharbeiterin für Schreibtechnik, lebt in Berlin

Ich arbeitete damals als Chefsekretärin im Bereich Ökonomie bei Robotron in Potsdam. Im Frühjahr 1989 war ich drauf und dran, einen Ausreiseantrag zu stellen. Der war schon geschrieben. Ich habe ihn heute immer noch. Dann ergab sich aber die Möglichkeit, eine Besuchsreise zum 50. Geburtstag meines Onkels zu beantragen. Das schien mir unkomplizierter, denn ich hatte eine Höllenangst davor, in den Knast zu kommen. Also stellten mein Bruder und ich gemeinsam einen Besuchsantrag. Mein Hauptwohnsitz war zu der Zeit Dessau. Den Beamten dort erzählte ich, dass ich demnächst in die SED eintreten, heiraten will und solche Dinge. Und tatsächlich durften wir im Juli 1989 fahren. Meine Mutter besorgte ein paar von diesen Grenzübergangskarten. Blanko. Da stand drauf, zu wem, wohin es ging und wie lange. Unser Onkel wohnte in Füssen, aber ich wollte zu einem Freund nach Norddeutschland. Also trugen wir selbst als Übergangsstelle Marienborn ein. Im Zug filzten sie mich dann gründlich. Die DDR-Zöllnerin wollte wissen, wieso ich zum Beispiel einen Winterpullover mithatte. »Na ja, kann ja kalt werden«, sagte ich. Ich musste wirklich alles auspacken. Hinterher habe ich nur noch geweint. Mein Bruder packte die Sachen für mich wieder in den Koffer, weil ich so heulen musste.

Ich roch es, dass wir drüben waren. »Boah«, dachte ich, »was für ein Geruch!« Es hat einfach nicht mehr so gemieft. Bei uns hatte es doch immer nach verfaulten Kartoffeln gerochen. Und dort war alles so sauber, so bunt und so billig. Als Erstes kaufte ich mir Joghurt. Später probierte ich noch ganz viele Sorten aus, inzwischen wahrscheinlich alle. Mit den Süßigkeiten bin ich bis heute noch nicht durch. Die Milch schmeckte tatsächlich nach Milch und nicht nach Wasser. Die Butter konntest du aus dem Kühlschrank nehmen, und sie hatte keine Wasserschicht drauf. Die war gelb und streichfähig. Und dann dieser Luftpudding. Ich habe jahrelang nur von Pudding gelebt. Erst vor zwei Jahren habe ich damit Schluss gemacht, weil mein Sohn auch nur das süße Zeug in sich reinstopfte.

Der Freund, zu dem ich wollte, lebte mit seinen Eltern auf einem Bauernhof bei Itzehoe. Wir hatten ihn ein paar Jahre zuvor in Ungarn kennen gelernt, als er noch Student war. Dort in Ungarn hatte ich übrigens ein Schlüsselerlebnis. Ich war damals vielleicht 16, 17 Jahre alt. Als wir am Balaton auf den Zeltplatz wollten, hieß es, er sei voll. Dann kamen die Westautos und konnten durchfahren. Wir mussten in einem Vorgarten campieren. Das Geld, das wir umtauschen durften, reichte vorn und hinten nicht. Ich konnte mir keine Cola kaufen, in keine Disko gehen. Das hat mich wahnsinnig genervt, weil es so ungerecht war! Wir waren Menschen dritter Klasse. Darauf hatte ich keinen Bock. Aus Wut klaute ich dann dort im Supermarkt. Es war das erste und letzte Mal in meinem Leben, ehrlich. Diese Ungarnerlebnisse prägten meinen Freiheitsdrang wahrscheinlich ziemlich stark.

Nach ein paar Tagen in Itzehoe offenbarte ich der Mutter meines Freundes, dass ich nicht wieder zurückgehen würde. Mein Bruder ja, aber ich nicht. Sie schlug die Hände über dem Kopf zusammen. »Das geht doch nicht, Mädchen! Du musst doch wieder in die DDR.« – »Ich muss gar nichts«, antwortete ich. »Das ist mein Leben. Ich will nach Berlin. Ich kenn niemanden dort, aber ich weiß, ich will nach Berlin.« Der Freund hat mir dann den Flug von Hamburg nach Berlin spendiert. In der Pan Am-Maschine gab es Sekt gratis. Über der DDR habe ich auf meine Freiheit angestoßen.

Dann war ich in Berlin, besser gesagt im Auffanglager Marienfelde. Da bekamst du so einen Laufzettel und musstest dir irgendwelche Stempel holen. Für eine Station zwei Tage Wartezeit, Menschenmassen ohne Ende. Ich verbrachte eine Nacht dort und bekam gleich Hautausschlag. Das war nicht mein Ding. Später schlief ich auf Parkbänken oder bei Freunden von Freunden. Und tagsüber besorgte ich mir die nötigen Stempel, einen nach dem anderen. Als ich alle hatte, hieß es: »Sie haben keine Verwandten ersten Grades in Berlin. Sie müssen nach Gießen.« Also überredete ich einen Bekannten, sich als mein Verlobter auszugeben, steckte ihm einen

Ring an und schleifte ihn mit. Ob sie uns die Geschichte geglaubt haben, weiß ich nicht. Ich musste dann unterschreiben, dass ich in Berlin nie Anspruch auf eine Wohnung anmelde. Damit war das Thema Auffanglager beendet.

Als ich eine eigene Wohnung hatte, verdiente ich das Geld für die Miete anfangs als Verkäuferin bei Wertheim in Steglitz. Das war alles andere als lustig! Von meinem ersten Gehalt schickte ich meinen Eltern ein Westpaket: Konserven, Schokolade und so was. Es wog bestimmt 15 Kilo.

Irgendwann landete ich in Kreuzberg. Das ist bis heute mein Kiez. Wahrscheinlich mache ich hier demnächst eine Kneipe auf.

Ich brauchte zwei Jahre, um diesen Geruch in den Supermärkten wieder aus der Nase zu bekommen, drei Jahre, um zu merken, dass es die Bahlsen-Probierstuben meiner Fernseh-Kindheit nicht wirklich gab, und zehn Jahre, um mit dem Puddingessen aufzuhören.

Das meiste würde ich wieder so machen, auch wenn ich heute manchmal sage: »Mensch, warst du damals mutig!«

»*Ich spürte, sie werden uns nichts tun*«

Karin Weiß, Jahrgang 1950, Ärztin,
lebt in Beselich (Hessen)

Als mein Mann und ich mit unserem damals dreijährigen Sohn 1979 nach Suhl zogen, baute man dort gerade ein neues Bezirkskrankenhaus. Wir konnten als Fachärzte die Entstehung einer Klinik mitgestalten – das war schon etwas Besonderes. Die Einrichtung war überdurchschnittlich gut ausgestattet, weil Suhl als kleinster Bezirk der DDR dieselben Mittel wie alle anderen bekam. Aber Suhl war nicht nur der kleinste Bezirk, sondern auch der röteste und politisch schärfste. Wir haben uns offen kritisch geäußert, bei politischen Themen mussten wir sehr aufpassen. Im Nachhinein stellte sich heraus, dass wir über Jahre von 22 IM beobachtet worden sind. Wir fühlten uns immer sehr eingeengt, da half es auch nicht, dass es uns für DDR-Verhältnisse materiell gut ging und wir uns in unserem großen Freundeskreis wohl fühlten.

Bei unseren Ungarn-Urlauben ab 1984 lernten wir ein Ehepaar aus Linz kennen. In Ungarn hatte man als DDR-Bürger das Gefühl, frei atmen zu können. Dort führten wir nächtelang mit unseren Freunden politische Diskussionen. Über die Eltern von ungarischen Bekannten stand uns vielfältiger Lesestoff zur Verfügung – *Spiegel, Stern,* viele in der DDR verbotene Bücher. Wir haben in der kurzen Zeit gelesen, so oft es ging.

Und dann immer der Abschied von unseren österreichischen Freunden – das Gefühl des Zurückgelassenseins: Sie konnten uns zwar unter Aufwand besuchen, aber wir waren eingesperrt. Das alles spielte eine große Rolle bei unserer Fluchtentscheidung, denn eigentlich waren wir hin- und hergerissen. Wir hatten ja begonnen, ein Haus zu bauen. Mein Mann und ich hatten einen Beruf, der uns erfüllte. Und trotzdem, wenn unser Westbesuch wieder wegfuhr, war ich jedes Mal am Boden zerstört. Immer wieder stand die Frage im Raum: »Wollen wir weiter geduldig abwarten in der Hoffnung, dass sich etwas ändert, oder wollen wir etwas unternehmen, besonders für die Zukunft unserer Kinder.«

Im Mai 1989 wurden in Ungarn die Grenzanlagen entschärft, und viele DDR-Bürger flüchteten in diesem Sommer über Österreich in den Westen. Da bin ich in Depressionen verfallen. Wir waren wieder nicht dabei! Im Westfernsehen wurde in der Folgezeit erzählt, die Grenze sei durchlässiger geworden, man werde sogar auf der österreichischen Seite empfangen.

Wie jedes Jahr hatten wir ein Visum für Ungarn beantragt – zu unserer Überraschung wurde es auch diesmal genehmigt. Am 19. August fuhren wir in Suhl los und hatten nur zwei Gedanken im Kopf: den an die mögliche Flucht und den an die Rückkehr in die DDR, wenn etwas schief laufen sollte. Wir haben zu Hause alles gelassen wie immer. Nur mein Schwager wusste Bescheid.

Die Situation in Prag war beängstigend, die Stadt voller behelmter Polizisten mit Schilden und Demonstranten, die Blumen in den Händen hielten – es war der Vorabend des 21. Jahrestages der Niederschlagung des Prager Frühlings. Auf der Weiterfahrt im Auto sprachen mein Mann und ich über die Situation und unser Vorhaben, die Stimmung war eigenartig angespannt. Wir dachten, unsere Jungs schlafen, doch plötzlich legte Christian, der damals 13 war, die Hände um unsere Sitzlehnen und sagte: »Ich bin einverstanden.«

Wir fuhren auf den Campingplatz nach Balatonfüred am Nordufer des Plattensees. Dort bauten wir unser Zelt auf, und ich hatte dabei ständig das Gefühl, dass jeder unsere Gedanken lesen kann. Am Ufer des Sees sagte mein Mann zu mir: »So, Karin, jetzt müssen wir die beiden anrufen und ihnen sagen, dass wir da sind.« Unsere Freunde aus Linz hatten uns versprochen, alles zu tun, was in ihrer Macht steht, um uns zu helfen, wenn wir flüchten wollten. Der Griff zum Telefonhörer fiel unglaublich schwer, es war der erste tatsächliche Schritt. Bis dahin war alles im Innern abgelaufen. »Wo seid ihr?« fragte Monika aus Linz. – »Wir sind in Ungarn«, antwortete mein Mann. Sie begriff augenblicklich, dass wir die Flucht jetzt wagen wollten. Als ihr Mann Reinhard abends nach Hause kam und wir noch mal anriefen, sagte er wie selbstverständlich: »Wir kommen.«

Am nächsten Nachmittag trafen wir uns. Zuvor hatten wir in der *Bild*-Zeitung gelesen, dass ein DDR-Flüchtling an der Grenze zu Österreich erschossen worden war. Unsere Freunde hatten in Mörbisch auf der österreichischen Seite in einem Auffanglager eine Frau gesprochen, die von einer durchlässigen Stelle wusste. Sie war selbst dort rübergegangen, hatte jedoch ihren Sohn in Ungarn zurückgelassen. Wir sollten ihn mitnehmen! Das war eine ziemliche Verantwortung, wir hatten ja selbst schon zwei Kinder dabei, und unser Burkhardt war erst neun. Wir standen unter einer Spannung, die ich gar nicht beschreiben kann. Mein Mann war dagegen, diesen fremden Jungen mitzunehmen, aber Bekannte unserer Freunde hatten sich spontan bereit erklärt, ihn von seinen ungarischen Großeltern abzuholen, und waren bereits unterwegs. Unsere Nerven lagen blank. Für ein Uhr nachts war das Treffen mit dem österreichischen Ehepaar und dem fremden Jungen auf einem Parkplatz etwa 100 Kilometer vor Sopron geplant.

Etwa um 23 Uhr weckten wir unsere Kinder, die im Zelt schliefen. Wir verhielten uns mucksmäuschenstill vor Angst, draußen könnte einer von der Stasi vorbeilaufen und lauschen. Gegen 23.30 Uhr brachen wir mit unserem Wartburg auf. Zelt und Anhänger ließen wir stehen. Das Treffen mit den Österreichern, die den fremden Jungen abgeholt hatten, fand wie vereinbart statt. Er blieb bei ihnen im Auto, und sie starteten Richtung Sopron. Wir schlossen uns an, hinter uns fuhren unsere Freunde. Plötzlich tauchte vor uns eine martialische Straßensperre auf, Soldaten mit Maschinengewehren. Das junge Paar mit dem Kind kam ohne Probleme durch. Uns hielten sie an und schrien: »Zurück, zurück, Budapest!« Dabei richteten sie ihre Gewehre auf uns. Wir mussten umkehren. Ein paar Kilometer weiter hielten wir an und warteten. Nach endlosen 45 Minuten waren unsere Freunde wieder da; sie hatten uns nicht verlassen. Wir waren mittlerweile alle vollkommen erschöpft. Wie sollte es weitergehen? Zum Zeltplatz trauten wir uns nicht mehr zurück. Mein Mann wollte am liebsten aufgeben. Dann entschieden wir uns, zu den Eltern einer ungarischen Freundin nach Balatonalmádi zu fahren. Dort konnten wir uns erholen und moralische Unterstützung und Mut für einen zweiten Versuch tanken. Uns war klar, dass wir mit unserem DDR-Auto nicht wieder ins

Grenzgebiet fahren konnten. Die Eltern unserer Freundin versteckten unseren Wartburg in einem Schuppen. Der Vater erzählte uns von einem Förster in Sopron, der das Grenzgebiet gut kannte. Wir sollten uns von dessen Frau, die ein Geschäft im Ort besaß, Rat holen. Mittags ging es im Westauto der Österreicher wieder los. Die Kinder versteckten sich hinter den Sitzen am Boden, sobald Uniformierte auftauchten. Am Straßenrand sahen wir geplünderte, verlassene Autos. So kamen wir bis Sopron. Im Ort haben wir in jedem Passanten einen Beobachter vermutet. Außerdem hatten wir immer den Bericht über den toten Flüchtling im Hinterkopf. Wir trafen die Frau des Försters in ihrem Blumenladen. Sie zeigte uns auf der Landkarte eine Stelle, die für unsere Flucht günstig sein könnte. Es seien drei bis vier Kilometer zu Fuß, in der Nähe der Eisenbahnschienen. Plötzlich kamen unsere Kinder in den Laden, und die Frau erschrak: »Was, Kinder haben Sie auch dabei?« Die moralische Last auf unseren Schultern wurde zentnerschwer. Um eine Entscheidung treffen zu können, schauten wir uns auch die Gegend um Fertörákos an, einem Grenzort gegenüber von Mörbisch. Der Ort war gespenstisch, fast menschenleer, in Richtung Grenze sahen wir nur ein riesiges Maisfeld – man hatte das Gefühl, von überall beobachtet zu werden. Mein Mann entschied dann: Hier versuchen wir es auf keinen Fall! Wir wollten es an der Stelle probieren, die uns die Frau im Blumenladen auf der Karte gezeigt hatte.

Die Zeit bis zum Einbruch der Dunkelheit verging überhaupt nicht, wir konnten vor Anspannung nichts essen und nichts trinken, es war furchtbar. Auf einem Parkplatz trafen wir die letzten Absprachen mit unseren Kindern. »Wir bleiben zusammen, egal was passiert«, versprachen wir uns. Mit unseren Freunden vereinbarten wir, dass sie auf ungarischer Seite bleiben und mindestens bis zum nächsten Morgen acht Uhr an einer bestimmten Gaststätte auf eine Nachricht von uns warten sollten. Sie versprachen, uns zu suchen, falls sie nichts von uns hören sollten. Von diesem Zeitpunkt an waren sie die einzigen Menschen auf der Welt, die wussten, wo wir uns aufhielten.

Als es dämmerte, war es so weit. Unsere Freunde fuhren uns noch ein Stück die Straße runter, dann sind wir vier in den Straßengraben gesprungen. Von dem Moment an spulten sich die Ereignisse in meiner Erinnerung wie in einem Film ab: Jeder spielte seine Rolle, jeder wusste, was er zu machen hatte. Durch die Bäume und das stachelige Gestrüpp am Straßenrand kamen wir auf ein frei einsehbares Feld. Wir robbten mehrere hundert Meter, mein Mann als Erster, dann die Kinder, ich zum Schluss. Wir sahen Hochstände, wussten aber nicht, ob sie besetzt waren. Langsam wurde es stockfinster, und wir waren völlig unbedarft, wir hatten ja nicht einmal eine Taschenlampe. Als wir die Eisenbahn hörten, wussten wir, dass wir die richtige Richtung eingeschlagen hatten. Die Gleise lagen in einer Mulde am Fuß von Dornenhängen. Noch ein Vierteljahr später sind uns die Dornen aus den Oberschenkeln geeitert.

Plötzlich sahen wir drei Soldaten, die dort unten auf den Gleisen patrouillierten, also liefen wir ein Stück in die Gegenrichtung. Wir mussten über die Gleise. Mein Mann und ich waren zehn Meter voneinander entfernt. Er flüsterte: »Auf die Plätze, fertig, los«, und rannte mit Burkhardt über den Schotter auf die andere Seite. Das hat wahnsinnig laut gepoltert. Ich war mit unserem Christian schon fast auf der Hälfte der Gleise, da hörte ich die Grenzer schreien. Mein Mann war mit unserem kleinen Sohn in den Hecken verschwunden, und ich lief in meiner Not mit Christian wieder in das Gestrüpp zurück. Jetzt waren wir durch die Schienen getrennt. Die Grenzer leuchteten alles ab, wir gaben keinen Mucks von uns und hielten den Atem an. Letztlich wurden wir doch entdeckt und mussten rauskommen. Und dann blieb mir fast das Herz stehen: Mein Sohn ging zu einem der Soldaten und gab ihm die Hand. Und der nahm sie. Vielleicht war es auch unser Glück, dass wir die Kinder bei uns hatten. Es ging dann zwischen den Soldaten immer hin und her, ohne dass ich etwas verstehen konnte. Nach einer Weile kam mein Mann mit dem Kleinen von der anderen Seite wieder zu uns. Plötzlich strich einer von den Grenzern unserem Blondschopf über den Kopf. Da spürte ich, sie werden uns nichts tun. Wir mussten jedoch eine Weile mit ihnen mitlaufen und sie berieten unentwegt. An einem Pfad zeigte einer mit der Hand in eine bestimmte Richtung und sagte: »Austria, Austria.« Sie ließen uns gehen!

Wir liefen los, vorbei an Wachtürmen. Wir mussten uns immer wieder sagen: »Einen Schießbefehl gibt es hier nicht.« Wir fielen über Stolperdrähte, es war warm, wir hatten Durst. Wir stürzten, standen auf und fielen wieder, es war stockdunkel. Es war tiefe Nacht. Urplötzlich standen wir vor einem riesigen Stacheldrahtzaun. Wir hatten nichts dabei, weder ein Messer noch eine Zange. Mein Mann frotzelte: »Wo stehen jetzt die, die auf uns warten und angeblich schon Löcher in den Grenzzaun geschnitten haben?«

Und was haben wir gemacht? Wir haben mit den Händen den Erdboden aufgegraben. Nacheinander, mein Mann zuletzt, sind wir unter dem »Eisernen Vorhang« in die Freiheit gekrochen. Wir hatten es geschafft, aber wir hatten dabei auch unendliches Glück!

Wir hatten keine Ahnung, wo wir uns befanden, überall waren Weinreben und Ackerland. Wir sind einfach losgelaufen. In deutlicher Entfernung sahen wir dann Autoscheinwerfer, mein Mann rannte wie entfesselt auf das Auto zu, und es gelang ihm, es anzuhalten. Die Fahrerin war eine junge Frau. Mein Mann fragte, ob sie nicht auf die ungarische Seite fahren könnte, um unseren Freunden Bescheid zu sagen. Sie antwortete, sie habe keinen Pass dabei und fahre nur ihren Sohn durch die Gegend, weil der nicht einschlafen will. Da saß er, der kleine Bengel, im Schlafanzug. Das war unser erster Kontakt mit dem Westen nach unserer Flucht.

Diese nette Frau fuhr uns dann aber alle nach Deutschkreutz. Dort hatten Frauen im Pfarrheim eine Anlaufstelle für DDR-Flüchtlinge eingerichtet. Wir konnten kostenlos telefonieren und wurden liebevoll umsorgt. Wir riefen dann meinen Schwager an und sagten ihm das Codewort: »Reinhard macht seinen Urlaub doch in der Schweiz.« Er wusste nun, dass wir es geschafft hatten. Es fand sich auch ein Helfer, der sich bereit erklärte, sofort über die Grenze nach Ungarn zu fahren, um dort Monika und Reinhard zu informieren. Und am frühen Morgen lagen wir uns weinend in den Armen.

Am nächsten Tag fuhr ein Bus in die deutsche Botschaft nach Wien, wo wir einen provisorischen Pass und Fahrkarten ins Auffanglager nach Gießen erhielten.

Ich war erleichtert und glücklich wie nach einem gewonnenen Kampf. Nur unsere Kinder waren enttäuscht: »Wofür haben wir das alles gemacht? Wo sind denn die ganzen schönen Städte?« fragten sie. Sie dachten wahrscheinlich, im Westen sei alles so bunt wie in einer Lego-Welt.

Von Wien aus sind wir dann gemeinsam in das Haus unserer Linzer Freunde gefahren. Dort hatten uns die Nachbarn bereits erwartet und ein riesiges Transparent über die Straße gespannt, auf dem stand »Herzlich willkommen«. Zur Begrüßung schenkten sie uns dann ein gesticktes Zitat: »Zu allem Großen ist der erste Schritt der Mut.« Es hängt heute gerahmt in unserer Küche.

Am nächsten Tag fuhren wir mit dem Zug ins Auffanglager nach Gießen und mussten dort die ganzen bürokratischen Aufnahmeprozeduren durchlaufen. Unsere erste Station war Bad Kreuznach, wo meine Schwiegermutter wohnte, die uns besonders in der schweren Anfangszeit unterstützt hat. Wir wollten so schnell wie möglich eine eigene Existenz aufbauen, um niemandem auf der Tasche zu liegen, eine Bleibe und eine Schule für die Kinder finden. Unsere erste Wohnung blieb lange Zeit ziemlich leer, wir schliefen auf dem Fußboden. Nach und nach kamen Möbel zusammen, von Nachbarn und Freunden. Wir trafen viele Menschen, die uns geholfen haben. Jeder gab uns irgendetwas Nützliches. Aber gleichzeitig haben wir damals gelernt, dass nichts Materielles auf der Welt wichtig ist.

Als die Mauer fiel, war mein Mann auf einem Seminar in Ludwigshafen. Ich sagte zu ihm: »Dietrich, die Grenze ist auf«, als er spätabends nach Hause kam. Er konnte es nicht glauben. Wir hätten nie damit gerechnet, dass das passiert, auch wenn uns das Freunde aus der DDR später nicht glauben wollten. In dieser Nachwendezeit hat mein Mann manchmal mit dem Gedanken gespielt, zurückzugehen. Er wollte bei diesen historischen Veränderungen dabei sein. Unser jüngerer Sohn sagte nur: »Das werden wir doch nicht machen, wo wir das jetzt alles durchgestanden haben!«

Und jetzt sind wir immer noch hier. Hessen und Thüringen sind sich ja nicht nur landschaftlich ähnlich, auch die Menschen haben eine ähnliche Mentalität. Ich bereue keine Sekunde. Wir hätten es vielleicht nur früher durchziehen müssen, doch vorher waren wir eben noch nicht so weit. Unseren Traumurlaub gönnten wir uns übrigens im Mai 1990: drei Tage Paris.

»Die verrückteste Woche meines Lebens«

Birgid Klimas, Jahrgang 1962, Lehrerin, lebt in Berlin

Am 3. November 1989, einem Freitag, standen urplötzlich Freunde von uns vor der Tür, die im August offiziell aus der DDR ausgereist waren. Ein Paar etwa in unserem Alter. Sie waren in Stuttgart gelandet und schwärmten den ganzen Abend davon, wie toll es dort sei. Sie hatten beide Jobs gefunden, waren untergekommen, hatten einen Kindergartenplatz – alles kein Problem, haben sie gesagt. Micha, mein Mann, wollte schon länger weg, aber ich hatte immer Angst davor. Wegen der Eltern. An dem Abend habe ich alle Bedenken über Bord geworfen. Wir haben zu unseren Freunden gesagt: »Passt auf, bereitet alles vor, am 11. November zum Mittagessen sind wir bei euch.« Wir hatten vor, über die ČSSR in den Westen zu kommen.

Und dann begann die verrückteste Woche meines Lebens. Gleich am nächsten Tag fuhren wir nach Angermünde, um uns von meinen Eltern zu verabschieden. Für meinen Vater brach eine Welt zusammen. Ich habe in dieser Woche ganz normal gearbeitet, an den Abenden räumten wir unsere Wohnung aus. In unsere Fluchtpläne haben wir nur ein paar enge Freunde eingeweiht. Unsere Sachen verteilten wir. Jemand bekam die Wohnungsschlüssel, um hinterher die Möbel rauszuräumen. Marco, unser ältester Sohn, fragte uns, warum wir denn alles einpacken. Was willst du einem Fünfjährigen sagen? Bevor wir das Kinderzimmer ausräumten, brachten wir die Jungs zu den Eltern meines Mannes nach Gera. Dort wollten wir sie dann auf der Fahrt nach Tschechien wieder einladen. Freitag nach der Arbeit sollte es losgehen. Alles Geld, das wir besaßen, tauschten wir eins zu zehn in D-Mark um.

Am Donnerstag kamen ein paar Leute vorbei, um tschüs zu sagen. Wie immer in dieser Zeit lief nebenbei der Fernseher, einer der letzten verbliebenen Gegenstände in der Wohnung. Abends sahen wir auch die Pressekonferenz mit Schabowski. Was er sagte, hat aber keiner von uns richtig ernst genommen. Die Abschiedsfeier zog sich über den ganzen Abend hin. Wir haben geheult wie die Schlosshunde. Mein Mann war schon leicht »dröhnig« vom Anstoßen. Wir fielen dann bald ins Bett. Eine halbe Stunde später klingelte unser Nachbar Sturm. »Die Grenze ist auf«, hat er gerufen, »die Grenze ist auf!« – »Ich bin müde«, sagte ich, »ich will nichts von der Grenze hören.« Mein Mann bestand aber darauf zu sehen, was los war. Wir fuhren schnurstracks Richtung Checkpoint Charlie. Kurz vor der Grenze hielt uns ein Vopo an. Ich dachte: »Jetzt ist es soweit, das war's.« Aber er riet uns lediglich, das Auto abzustellen und zu Fuß weiterzugehen. Schien also was dran zu sein mit der offenen Grenze.

Wir näherten uns dem Checkpoint Charlie von der Seite. Direkt davor standen die Massen. Wie durch ein Wunder ging gerade in dem Moment, als wir ankamen, ein Tor wieder auf. Wir waren dann an zehnter oder elfter Stelle in der Schlange. Einer der Grenzer verteilte Ausreiseanträge, und wir fingen an, diese Blätter auszufüllen. Aber die Formulare reichten nicht für alle; sie wurden unausgefüllt wieder eingesammelt, und wir durften weitergehen. Die ganze Zeit über herrschte eine freudig erregte Stimmung unter den Leuten. Keiner hatte mehr Angst, dass noch irgendetwas Schlimmes passieren könnte. Dann ging es durch vier oder fünf Baracken. Überall musstest du deinen Ausweis vorweisen. Mein Mann war, sicherlich auch durch den Alkohol, ziemlich mutig und zeigte einem Grenzer seinen Ausweis mit den Worten: »Ja, guck ihn dir an. Ich geh jetzt in den Westen, und du musst hier bleiben.« Ich zog von hinten an seiner Jacke und dachte: »Halt jetzt die Klappe, Micha, sonst kommen wir nie rüber.« Wir hörten dann schon den Trubel auf der anderen Seite. Immer, wenn jemand den Grenzübergang verließ, ging ein Gegröle los. Wir kamen aus der letzten Baracke raus, die Tür ging auf und – Scheinwerfer über Scheinwerfer, Leute über Leute. Mein Mann und ich haben uns an den Händen gefasst und sind heulend durch die Menge gerannt. Jeder hat dich angefasst und gedrückt. Ein alter Westberliner nahm uns in den Arm. Je mehr der heulte, desto mehr heulten auch wir. Er lud uns zum Essen ein, aber Micha sagte: »Ich bin jetzt im Westen, ich will Westberlin sehen.« Zwischendurch sprach uns ein Reporter auf Englisch an, aber ich habe vor Aufregung kein Wort verstanden, mein Englisch war schlagartig weg.

»Wo wollt ihr zuerst hin?« hat Walter, der alte Westberliner, gefragt. »Zum Brandenburger Tor«, antwortete mein Mann. Wir wollten es einfach mal von der anderen Seite sehen. Ein bayerischer Student nahm uns drei dann in seinem roten, alten Auto mit. »Wo soll ich euch hinfahren?« hatte er uns auf Bayerisch zugerufen. Wir kamen genau zu dem Zeitpunkt am Brandenburger Tor an, als die Ersten auf die Mauer kletterten. Einer fing an, mit der Spitzhacke an der Mauer rumzupicken. Ich dachte: »Oh Gott, wenn das mal gut geht!« Wir sind dann auch raufgeklettert. Ich war beeindruckt, wie dick die Mauer war. Über einen Meter breit. Mein Mann steckte sich eines der ersten Kantenstücke, die jemand abgehackt hatte, ein. Wir haben dieses Stück Mauer immer noch. Walter hat dann gesagt: »So, jetzt fahren wir zum Ku'damm, essen.«

Im Europa-Center fiel mir als Erstes der Laden mit Räuchermännchen und Nussknackern aus Thüringen und dem Erzgebirge auf. Ich habe gesagt: »Jetzt weiß ich auch, warum wir im Osten nichts davon kriegen – ihr habt alles!« Auf dem Ku'damm waren noch Massen von Menschen unterwegs. Dabei war es schon weit nach drei Uhr. Mir ist wieder nur die Vitrine mit dem Meißner Porzellan aufgefallen – eben das, was ich kannte. Im Ku'damm-Karree, wo wir dann landeten, bestand mein Mann darauf, eine Runde auszugeben. Dafür hat Walter dann einen Blumenjungen herangewinkt und mir einen ganzen Strauß roter langstieliger Rosen gekauft. Walter lud uns noch in die Leibnitzklause zum Essen ein. Piekfein. Unterwegs kaufte ich meine erste *Bild*-Zeitung. Die Schlagzeile lautete: »Die Mauer ist weg«.

Beim Anblick der Speisekarte hatten wir schlagartig keinen Appetit mehr. »Ich esse nichts«, hat mein Mann mit Blick auf die Preise gesagt. Und ich hab gesagt: »Walter, bestell du mal, ich kenn das alles nicht.« Ich weiß noch, dass Broccoli dabei war. Um halb fünf hatten wir unser Essen. In meinem Hinterkopf war immer der Gedanke, dass ich früh in die Schule muss. Trotzdem konnte uns Walter noch dazu überreden, auf einen Sprung mit zu ihm nach

Charlottenburg zu kommen. In seiner Wohnung erfüllte sich jedes Klischee, das wir über den Westen im Kopf hatten. Es hieß ja immer: Die Leute sind reich, es geht ihnen gut. Überall standen alte, schwere Möbel, kunstvoll verziert. Den Kaffee reichte uns Walter in Tassen aus Meißner Porzellan, die in einer Vitrine standen, weinrot, mit Gold abgesetzt. Dann bestellte er ein Taxi und gab uns 50 D-Mark für den Rückweg. Mein Mann überlegte noch, ob wir nicht lieber zurücklaufen sollten, um das Geld zu sparen. Das waren nach dem damaligen Schwarzmarktkurs umgerechnet 500 Ostmark. Aber ich musste zur Arbeit.

Am Checkpoint Charlie kamen uns ganze Arbeitskollektive entgegen. Müllfahrer stellten ihre Autos ab und gingen rüber, Bürobesatzungen machten sich gemeinsam auf nach Westberlin. Wir immer gegen den Strom. Micha hat mich gleich schnurstracks in die Schule gefahren. Dort habe ich mich erst mal gewaschen. Auf dem Flur kam mir ein Kind entgegengerannt und rief: »Die Mauer ist weg!« – »Wirklich?« habe ich gefragt.

Gegen sechs Uhr abends, nachdem ich etwas geschlafen hatte, fuhren wir los zu den Schwiegereltern nach Gera und haben die Kinder eingeladen. Wir wollten die A9 runter. Der Rückstau von der Grenze reichte bis nach Schleiz. Als wir endlich über die Grenze rollten, schliefen die Jungs schon. In der Raststätte Frankenwald, die die Autobahn überbrückt, standen die Leute an den Scheiben und winkten. Überall wurde gehupt, gewinkt. Auf jeder Brücke standen Leute. Du hattest das Gefühl, sie haben auf all die Trabis und Wartburgs gewartet. Das war unbeschreiblich!

Zur verabredeten Zeit kamen wir in Stuttgart an. Unsere Freunde waren in einer Privatpension zusammen mit Polen, Russen und Tschechen untergebracht. Ihr Zimmer hatten sie so umgeräumt, dass wir vier noch Platz fanden. Dann haben wir Kiwis gegessen, leckere Joghurts, Nutella. Für den Abend hatten sie Karten für die »Rocky Horror Picture Show« besorgt. Im Theater flogen Reis, Papierschnipsel – ein Riesenradau, und ich habe geschlafen.

Weil inzwischen schon so viele aus dem Osten in den Westen gekommen waren, gab es keine Möglichkeit mehr, in einer Pension zu wohnen. Die Alternative wäre eine Turnhalle gewesen. Sollten wir das unseren Kindern antun? Auf dem Arbeitsamt war plötzlich alles ein Problem. »Was sind Sie, Lehrerin? Haben wir genug.« Als es um einen Kindergartenplatz ging, hieß es: »Da sind erst einmal andere dran.«

Ziemlich frustriert kletterten wir in diesen Tagen auf einen Berg. Von oben entdeckte mein Mann ein Schild mit der Aufschrift: Krankenhaus Bopfingen. In der DDR war er eine Zeit lang Leistungssportler gewesen und hatte seitdem Knieprobleme. Im Osten hatte ihm niemand helfen können. Also marschierten wir in diese Klinik, damit er sich untersuchen lassen konnte. An Krankenkasse oder so was dachten wir überhaupt nicht. Bei uns war das doch alles kostenlos. Der Professor sah sich das Knie an und fragte menen Mann, bei wem er im Osten in Behandlung gewesen sei. Es stellte sich heraus, dass er mit dem behandelnden Arzt in den USA zusammen operiert hatte. »Wenn der sagt, dem Knie kann nicht geholfen werden, dann ist es so.«

Wir liefen wieder auf den Berg hinauf und haben beide geheult. Keine Wohnung, keine Aussicht auf Arbeit, kein Kindergartenplatz und der Ärger mit dem Knie. Wir versuchten dann, ganz rational aufzurechnen: Was spricht für den Westen, was für den Osten? Der Osten hat gewonnen. »Wir gehen zurück und probieren es«, haben wir gesagt.

Zu Hause kam dann alles, was wir verschenkt hatten, wieder zu uns zurück. Das letzte Stück nach einem Jahr.

»Wenn ich wiederkomme, gibt es Sie hier nicht mehr!«

Herbert Wirkner, Jahrgang 1950, Bauingenieur, Unternehmer, lebt in Rudolstadt (Thüringen)

Begonnen hat die Geschichte im September 1989. Ich war damals Vorsitzender der PGH Möbel und Holzwaren in Rudolstadt. Eigentlich hätte ich keine Möglichkeit gehabt, beruflich irgendwie aufzusteigen, weil ich nur Mitglied der NDPD und nicht der SED war. So hatte man seine Ruhe vor den Anwerbern der »Einheitspartei«, aber auch keine Aufstiegschancen.

Wie jedes Jahr seit 1949 kam meine Tante aus Nürnberg, die Schwester meiner Mutter, unsere Familie besuchen. Wie immer für vier Wochen. Sie war damals schon 71 und gehbehindert. Meine Mutter war noch mal acht Jahre älter. Ich hatte zwei Wochen Urlaub genommen, um meiner Tante Marie ein paar schöne Tage zu machen. Sie hatte fünf Kinder großgezogen und lebte von ihrer Witwenrente. Am ersten Abend haben wir die beiden alten Damen allein gelassen, damit sie sich in Ruhe unterhalten konnten. Leider passierte an diesem Abend ein furchtbares Unglück: Meine Tante zog sich mit kochendem Wasser schwerste Verbrennungen zu. Als wir abends um elf nach Hause kamen, riefen wir sofort einen Arzt im benachbarten Bad Blankenburg an. Der verweigerte aber die Hilfe. So kam Tante Marie erst am nächsten Morgen in die Chirurgie. Nach einer Erstversorgung der schlimmsten Verbrennungen ließ man sie einfach die nächsten Wochen liegen. Ich ahnte nichts Gutes und versuchte, die Überführung der Frau in die Uni-Klinik nach Nürnberg zu erwirken. Das wurde maßgeblich vom Bad Blankenburger Krankenhaus verhindert, um zu vertuschen, dass man sie wochenlang nicht behandelt hatte. Das war eine dramatische Zeit. Abwechselnd kamen ihre fünf Kinder aus dem Westen, um sie in Thüringen zu besuchen. Ich musste jedes Mal zur Polizei und mich stundenlang anstellen, um die Einreisegenehmigungen zu besorgen. Etwa Mitte Oktober ist es mir gelungen, meine Tante mit einem Krankentransport zurück in die BRD bringen zu lassen. Der Krankenwagen fuhr bis an die Grenze nach Hirschberg. Dort wurde sie umgebettet und mit einem anderen Krankenwagen nach Nürnberg transportiert. In der Klinik stellte man fest, dass es kaum noch eine Überlebenschance für sie gab; man hätte gleich nach dem Unfall eine Hauttransplantation durchführen müssen. Am 1. November 1989 ist sie gestorben. An dieser Geschichte werde ich bis an mein Lebensende zu kauen haben, weil ich mich indirekt schuldig fühle.

Am 6. November, nachdem feststand, wann die Trauerfeier stattfinden sollte, war ich wieder bei der Polizei und habe mich wieder vier Stunden lang angestellt. Als ich dran war, erklärte ich: »Ich will Ihnen mal was sagen – ich werde jetzt einen Antrag stellen. Meine Tante wird am 8. November beerdigt. Ich will mit meiner Frau, meiner Mutter und meinen zwei kleinen Kindern nach Nürnberg fahren. Und wenn Sie mich nicht lassen, werde ich heute Nacht über die Tschechei ausreisen. So eindeutig sage ich Ihnen das!«

Ich musste zwei Stunden in einem Nebenzimmer warten, es war schon spätabends. Dann hieß es, ich solle mich morgen wieder melden. Am nächsten Morgen bekam ich die Papiere. Einen Tag vor der Beerdigung. Ich bin aus dem Zimmer raus und sagte zu der Mitarbeiterin, die dort saß: »Ich fahre jetzt in den Westen. Und wissen Sie was? Wenn ich wiederkomme, gibt es Sie hier nicht mehr! Dafür werde ich persönlich sorgen.« Die ganze Wut, die sich über Monate angestaut hatte, entlud sich mit einem Mal.

Einen Tag nach der Beerdigung haben wir uns alle nochmal bei meinem Cousin in Nürnberg getroffen. Am 11. November sollten wir ja wieder zurück. Nebenbei lief der Fernseher. Plötzlich – das vergesse ich in meinem ganzen Leben nicht – sehen wir in der Tagesschau den Schabowski, wie er kundtut, dass ab heute die Grenzen geöffnet sind. Mir läuft es jetzt noch kalt den Rücken runter, wenn ich davon erzähle. Wir haben das nicht für möglich gehalten. Man muss sich vorstellen, wie uns zumute war. Da hatte sich dieses Drama in unserer Familie abgespielt. Wochenlang hatte es keine Chance gegeben, die kranke Frau rüberzubringen. Und jetzt das. Wir konnten nur noch weinen.

Am 11. November fuhren wir wie geplant früh zum Bahnhof in Nürnberg. Es war ein Sonnabend, kaum Betrieb auf den Straßen. Da kommt uns mit einem Mal im Zentrum der Stadt ein Trabant entgegen. Das hatte es bis dahin bestimmt noch nie gegeben.

Dann haben wir uns in unseren Zug gesetzt, um zurückzufahren. Und wie wir auf dem Bahnhof in Kronach Halt machten – inzwischen saßen wir fast allein in dem Zug –, hörten wir die Lautsprecherstimme in fränkischem Dialekt sagen: »Verehrte Zugreisende, soeben reist der erste Personenzug aus der Ostzone ein. Wir möchten Sie bitten, einen Augenblick zu warten. Wir können den Zug noch nicht abfahren lassen.« Und auf der Gegenseite fuhr der erste Zug aus Saalfeld ein. Jeder kennt ja aus dem Fernsehen diese Züge in Indien, die so voll besetzt sind, dass die Menschen noch an den Ausgängen hängen – so einen Eindruck hatten wir von dem ankommenden Zug; er war voll gestopft mit Menschen. Und der Erste, der ausstieg, war der Parteisekretär aus meinem früheren Betrieb.

»Kein schlechter Deal«

Axel Brümmer, Jahrgang 1967, Erzieher, Weltumradler, Fotojournalist, lebt in Saalfeld (Thüringen)

Ich arbeitete damals, im November '89, in einem Kinderheim. In der Spätschicht hörten wir im Radio von der Grenzöffnung. Ich bin dann abends um neun mit meinem Motorrad – einer alten MZ ES 150, bei der die Lampe noch geradeaus leuchtet, wenn du um die Kurve fährst – Richtung Grenze gefahren. Ich wollte mich nur mal umsehen, nicht dableiben. Das heißt, weg wollte ich schon. Ich hatte geplant, über Russland abzuhauen und mit dem Fahrrad um die Welt zu fahren. Aber das sollte erst vier Monate später passieren.

Ich weiß noch, dass es sehr kalt war und ich keine warmen Sachen anhatte. Dort, wo das Sperrgebiet anfing, hat niemand mehr kontrolliert, und an der Grenze wurde ich einfach durchgewinkt. Ich war im Westen! Ich fuhr dann einfach so lange, bis der Sprit zur Hälfte verbraucht war, weil ich ja noch zurückwollte. An einer Tankstelle irgendwo bei Nürnberg schaute ich mir Zeitungen an und kam mit jemandem ins Gespräch, der mir einfach so Sprit gab und ein bisschen Öl. Also konnte ich doch noch weiterfahren in Richtung München, wo mein Großonkel lebte und meine Lieblingstante. Ich hatte als Kind nie verstanden, weshalb ich die beiden nicht besuchen durfte. Jetzt war ich auf dem Weg zu ihnen.

Ab Nürnberg saß ich nur noch heulend auf meiner Maschine. Ich hatte das Gefühl: Gleich hebst du ab. Die Schilder flogen an mir vorbei: München 100 Kilometer, München 80 Kilometer und so weiter. Jeder, der mich überholte, hupte oder machte Lichthupe. Mein altes Motorrad fuhr so schnell wie noch nie, was wohl auch mit der höheren Oktanzahl des Kraftstoffs zu tun hatte. Jedenfalls hat das Ding so stark vibriert, dass sich der Schwimmer im Vergaser löste. Auf der Stadtautobahn von München musste ich die

Maschine ausrollen lassen und schieben. Ich habe mich dann mitten in der Nacht zu meiner Tante durchgefragt. Die war aber noch im Urlaub. Deshalb setzte ich mich einfach vors Haus. Den Geruch von sauberem Sprit habe ich heute noch in der Nase. Am Morgen kam dann eine Freundin meiner Tante und ließ mich rein. Was sollte ich nun machen? Irgendwie musste ich das Geld für die Rückfahrt auftreiben. Ich hatte drei Tage Zeit, mein Problem zu lösen, dann musste ich wieder auf der Arbeit sein. Also ging ich zu Lauche & Maas, einem Laden für Reiseausrüstungen in München. Ich hatte mir schon zu DDR-Zeiten von meinen Verwandten regelmäßig den Katalog mitbringen lassen, aus dem wir dann Ausrüstungsgegenstände zum Bergsteigen nachbastelten. Wir haben Schlafsäcke und Zelte genäht, bis unsere Hände bluteten. Und dann stehst du da und siehst all die Sachen! Die Leute im Laden wollten das Motorrad als Schaufensterdekoration behalten und mir dafür Ausrüstungsteile zum Klettern geben. Kein schlechter Deal, dachte ich, nur hatte ich damit noch immer kein Geld für die Heimfahrt. Von dem Begrüßungsgeld wusste ich damals noch gar nichts. Das habe ich mir erst später geholt. Ich kam dann auf die Idee, die Münchner *Abendzeitung* anzurufen und ihnen zu sagen: »Hier ist ein Ostdeutscher, der mit seinem alten Motorrad in München angekommen ist und kein Geld hat, zurückzufahren. Wollt ihr nicht ein Foto von ihm machen?« Und es klappte: Sie brachten wirklich einen kleinen Artikel über mich mit einem Foto dazu. »Der Chopper aus Zschopau« lautete die Überschrift. Für das Interview bekam ich 40 D-Mark.

Das Motorrad blieb da, und ich machte mich auf den Weg nach Hause. Das Geld war mir dann aber doch zu schade für eine Fahrkarte. Ich habe drei Kilo Bananen für meine Mutter gekauft und mich an die Autobahn gestellt. Ein BMW-Fahrer nahm mich mit. Der war Kontrolleur für das Reinheitsgebot bei deutschem Bier – bis Kulmbach wusste ich alles darüber. Von dort aus bin ich mit der Eisenbahn bis nach Hause gefahren.

Vierzehn Tage danach fuhr ich wieder nach Süden. Da war ich schon cleverer. Ich wusste: Jetzt ist die Mauer offen, jetzt fahre ich um die Welt, also brauche ich Geld. Ich nahm ein Blatt Papier und schrieb mit einem Stift in großen Buchstaben »Sibir« drauf. Dazu zwei Fotos von mir, wie ich im Altai rumklettere, ein paar Stichpunkte wie: Mit dem Faltboot auf dem Ob, mit dem Jeep in der Taiga, mit dem Rucksack ins Altai. In München-Pasing habe ich in einem Kulturhaus ganz billig für 50 D-Mark einen 120-Mann-Saal gemietet, die Plakate vergrößert, sie überall mit Tesafilm an die Schaufenster geklebt und Handzettel verteilt. Tatsächlich kamen 120 Leute. Mit einem Projektor habe ich etwa 100 Bilder auf eine Leinwand geworfen, die nur einen Quadratmeter groß war. Ich hatte kein Mikrofon, ich hatte eigentlich nichts. Abzüglich Miete nahm ich unterm Strich 550 D-Mark ein. Das wurde der Grundstock für meine Weltreise mit dem Rad, die fünf Jahre dauerte.

An die deutsche Einheit habe ich damals überhaupt nicht gedacht. Mein Motto war eher: Wir werden aus euren und unseren Fehlern lernen und dann was Schönes gestalten.

»Komisch, es war wirklich alles bunter«

Kati Wilhelm, Jahrgang 1976,
Sportsoldatin, Biathlon-Olympiasiegerin,
lebt in Steinbach-Hallenberg (Thüringen)

Meine ältere Schwester hat am 10. November Geburtstag. 1989, nach der Grenzöffnung, hatte sie sich gewünscht, dass wir alle gleich am Wochenende rüberfahren. Unsere Eltern machten es zur Bedingung, dass sie die Visa besorgt. Wir hatten in den Nachrichten gehört, dass man die brauchen würde. Wir waren ziemlich unsicher und wussten nicht, wie das alles funktioniert. Aber das ging vielen so, denn als ich am Samstag aus der Schule kam und nach meiner Schwester schaute, stand sie schon in einer riesigen Menschentraube vor dem Rathaus. Alle wollten ein Visum, um rüberfahren zu können, und wussten nicht, dass sich diese Regelung längst erledigt hatte.

Am nächsten Morgen in aller Frühe fuhren wir los. Dick eingepackt – es war schließlich November und im Trabant immer ziemlich kalt – machten wir uns auf den Weg Richtung Coburg. Wir wollten in Eisfeld über die Grenze, doch schon in Brünn standen wir im Stau – stundenlang. Also erst mal wieder Schlange stehen. An den Grenzübertritt selbst kann ich mich gar nicht mehr erinnern, nur daran, dass wir froh waren, endlich angekommen zu sein. Viele Ossis erzählen ja davon, dass die Leute im Westen an der Straße standen, winkten und Bonbons verteilten. Ich bin mir nicht mehr ganz sicher, aber ich meine, mich zu erinnern, dass es bei uns nicht so war. Und als meine Mitschüler am Montag in der Schule erzählten: »Uns haben sie begrüßt und beschenkt«, dachte ich, dass wir wohl den falschen Grenzübergang genommen hatten.

Meine Mutter wollte gern ihre Verwandten in der Nähe von Coburg besuchen, deshalb sind wir zuerst dorthin gefahren. Das stieß leider nicht so auf Gegenliebe. Wahrscheinlich hatten sie etwas Angst, jetzt von den Ossis überrannt zu werden. Die Verwandtschaft brachte uns in ein anderes Dorf, wo wir unser Begrüßungsgeld abholen konnten. Dort sollte der Andrang nicht so groß sein. Es war mir ein bisschen peinlich, mich nach Geld anzustellen. Es kam mir fast wie Betteln vor. Klar habe ich mich gefreut, Westgeld zu bekommen, aber viel wichtiger war, dass ich jetzt endlich mit eigenen Augen sehen konnte, was ich bis dahin nur aus dem Westfernsehen kannte.

Tatsächlich sah im Westen alles ganz anders aus als bei uns, viel freundlicher, viel gepflegter, die Häuser, die Wiesen. Komisch, es war wirklich alles bunter als bei uns und im ersten Moment so wie die Bilder aus dem Fernsehen: Es gab einfach viel mehr Farbe als bei uns. Und den Geruch in den Geschäften hatte ich früher schon mal im Intershop gerochen, diesen Geruch nach Kaugummis und Weichspüler. Ich dachte die ganze Zeit über: »Hier riecht es wie Westen.«

An diesem ersten Tag habe ich mir fast gar nichts gekauft, weil ich das Geld nicht ausgeben wollte. Westgeld war etwas ganz Besonderes, und in unserer Familie war es Usus, dass wir unsere Eltern fragten, wenn wir etwas wollten. Aus dem Spielzeugalter war ich bereits raus, deshalb habe ich mir an dem Tag in Coburg einen Rucksack gekauft, einen ganz billigen. Ich fand den schön und dachte, da passt viel rein. Das war das Einzige. Ansonsten waren wir nur mit Schauen beschäftigt. Wir sahen, woher die ganzen Sachen kamen, die meine Oma früher manchmal aus dem Westen bekommen und von denen sie auch immer etwas an uns weitergegeben hatte. Sie waren richtig billig und nicht so wertvoll, wie wir immer geglaubt hatten. Das »heilige Westpaket«! Wenn wir mal eine Tafel Schokolade aus dem Westen bekamen, dann wurde die bei uns am Samstagabend in der Familie in Gemeinschaft gegessen – schön aufgeteilt.

Meinen neuen Rucksack habe ich gleich am Montag mit in die Schule genommen. Was ich wirklich krass fand, war die Tatsache, dass einige meiner Klassenkameraden nicht gleich wiedergekommen sind. Manche ließen sich die ganze Woche Zeit, einer blieb mit seiner Familie sogar ganz drüben, von heute auf morgen.

Bei uns in der Familie war Ausreise nie ein Thema. Zwar habe ich durch das Westfernsehen gesehen, dass drüben alles anders ist als

bei uns. Aber in der Schule haben wir ja gehört, dass nicht alles besser ist. Meine Eltern haben auch nie geklagt. Das, was möglich war, haben wir gemacht. Wir waren in Polen im Urlaub, in Tschechien, meine Eltern auch in Ungarn.

Für meine sportliche Entwicklung war die Wende ein Glücksfall. In der siebten Klasse war ich an die Sportschule delegiert worden, aber aus gesundheitlichen Gründen wurde nichts daraus. Eigentlich war ich froh darüber, weil ich befürchtet hatte, mit der strengen Disziplin im Internat Probleme zu haben.

Ich habe dann mit Skilanglauf angefangen, und mit der Wende ergab sich eine neue Chance. Die Entscheidung, nach Oberhof auf die Sportschule zu gehen, fiel mir unter den neuen Bedingungen leichter. Inzwischen war dort alles ein bisschen lockerer geworden. Ohne die Wende wäre es vermutlich nie dazu gekommen.

Ich bin dann durch meinen Sport sehr oft zu Wettkämpfen rübergefahren. In Gesprächen mit Westdeutschen war ich damals und auch später noch immer sehr erschrocken darüber, wie wenig sie über unser Leben in der DDR wussten. Einige glaubten doch tatsächlich, wir hätten keine Fernseher, bei uns gäbe es keinen Weihnachtsmann, weil wir nicht gläubig sind, und wir würden das Fest überhaupt nicht feiern. Ich fühlte mich dann immer beleidigt und habe mich sogar öfters ein bisschen rumgestritten. Wir haben in der DDR zwar hinter der Mauer gelebt, aber nicht hinter dem Mond und auch nicht in Armut. Viele Ossis hatten Westfernsehen und waren sehr gut über den Westen informiert, was andersrum wohl eher nicht so war.

Wenn ich heute auf dieser Straße nach Coburg fahre, dann denke ich ziemlich oft an den langen Stau und was wir da auf uns genommen haben, um das erste Mal rüberzufahren. Wir haben das eigentlich nur gemacht, weil meine Schwester sich das so gewünscht hatte. Sonst wäre ich wahrscheinlich nach diesem Wochenende die Einzige in meiner Klasse gewesen, die nicht drüben war. Und wenn ich heute Fernsehbilder von der Grenzöffnung sehe, dann denke ich: »Das war ein regelrechter Einfall der Ossis in den Westen.« Inzwischen hat sich die Meinung vieler über die Wende geändert. Und da sind sicher auch einige dabei, die am 9. November 1989 als Erste auf der Mauer standen.

»Wie ein kleines Abenteuer«

Andrea Topf, Jahrgang 1965, Angestellte, lebt in Thälendorf (Thüringen)

Es waren höchstens acht, neun Grad minus. Wir hatten dicke Decken im Trabi, die Kinder waren eingemummelt bis zu den Füßen runter. Wir waren zu sechst: mein Mann, meine älteste Schwester und deren Familie mit zwei Kindern. In der Nacht sind wir losgefahren, weil wir dachten, wir kommen so nicht in den Stau und schneller über die Grenze. Aber das haben alle gedacht. In Eisfeld hatte sich an der Grenze ein kilometerlanger Stau gebildet, und wir beschlossen zu laufen. Die Autos stellten wir in einer Seitenstraße ab. Mein kleiner Neffe heulte: »Meine Füße sind so kalt, ich kann nicht mehr.« Wir sind an all den anderen Autos vorbei, und die Leute hupten und grüßten uns. Kurz vor der Grenze ging gar nichts mehr. Mein Neffe war nur noch am Heulen, wir haben ihn abwechselnd getragen. Weil wir die Grenze zu Fuß nicht überqueren durften, verteilten wir uns auf drei Autos, die uns mit rübernahmen. Wir fuhren bis ins bayerische Rottenbach, glaube ich. Da standen schon ein paar Leute vor der kleinen Sparkassen-Filiale, die natürlich geschlossen war. Eine Frau rief uns zu, wir müssten in den nächsten Ort, mit dem Bus. Aber es kam und kam kein Bus. Irgendwann hielt ein Wessi mit seinem Citroën und wollte uns mitnehmen. Das Auto hatte ein Fließheck mit Laderaum. Da brachten wir die Kinder unter, wir vier Erwachsenen saßen vorn. Irgendwann bog der Typ einfach von der Bundesstraße ab in den Wald und fuhr auf Nebenstraßen und Waldwegen. Wir dachten: »Jetzt bringt der uns um die Ecke, der will ein paar Ossis loswerden!« Er wolle die verstopften Straßen umgehen, erklärte uns der Autofahrer. Das war wie ein kleines Abenteuer! In Oberlauter setzte er uns genau an der richtigen Stelle ab, da waren wir ziemlich erleichtert. Bei der Feuerwehr dort hatten sie Brote geschmiert, Fettbrote, Leberwurstbrote. Tee gab es da, und gleich dahinter konnte man die 100 Westmark in Empfang nehmen. Eine Edeka-Filiale hatte extra aufgemacht. Es war ja Sonntag. Ich weiß noch, dass ich mir eine Nagelschere kaufen wollte von meinem ersten Westgeld. Aber meine Schwester hat gesagt: »Du kaufst dir die Nagelschere nicht, wir kommen noch weit genug rein in den Westen.«

Auf dem Rückweg Richtung Grenze waren wir auch wieder ein ganzes Stück zu Fuß unterwegs. Wir winkten den Leuten in jedem vorbeifahrenden Auto zu, alle hupten zurück. Meine Schwester und ich sind abwechselnd in Tränen ausgebrochen, weil das alles so unvorstellbar war für uns. Wenn ich mich in die Lage zurückversetze, bekomme ich heute noch Gänsehaut.

Und an der Grenze stand Ramon aus Bamberg mit ein paar Flaschen Sekt. Er hat gesagt, er muss mit irgendjemandem auf den Mauerfall anstoßen. Und das waren eben wir. Später bei ihm zu Hause hörten wir das erste Mal CDs und sahen uns Sachen im Computer an. Das fand ich alles total berauschend. Die Männer fingen gleich an, die halbe Nacht politisch zu diskutieren. Ramon war sozusagen unser erster Wessi nach dem Mauerfall, den wir näher kennen lernten.

Viel deutlicher ist mir ein späterer Ausflug in Erinnerung geblieben. Zu Weihnachten fuhren wir mit dem Auto zu meiner zweiten Schwester, die im Spätsommer kurz vor der Wende über Ungarn in den Westen gegangen war. »Abgehauen« hieß das damals. Ich kann mich deshalb so gut erinnern, weil mein kleines »Wendekind«, meine damals einjährige Tochter, hinten eingemummelt in unserem himmelblauen Trabi lag wie in einem Bett. Wir hatten das Kopfkissen und das Federbett mitgenommen. Dazwischen stand die Krabbelbox. Wir fuhren los, und irgendwo in Bayern mussten wir eine Steigung nehmen. Wir hielten uns ganz außen auf der rechten Spur – mit 50 km/h. Alle Wessis zogen an uns vorbei, hupend und winkend. Sie waren fürchterlich nett, aber wir schämten uns. Nicht unbedingt wegen des Trabis, sondern weil wir so langsam waren. Auf dem nächsten Parkplatz haben wir Halt gemacht und uns in die äußerste Ecke gestellt. Wir sind nur auf die Toiletten gegangen, in der Gaststätte etwas zu essen, das konnten wir uns nicht leisten. Als wir zum Auto zurückkamen, stand auf unserer Motorhaube ein großer Pappkarton mit Schokolade, Bananen und Kaffee. Wahrscheinlich hatten die Wessis uns gesehen, gesammelt und uns das als Almosen hingestellt. Da habe ich mich ein zweites Mal geschämt, und mein Mann erst! Ich kann nicht sagen, warum. Es war eben so. Eingepackt das Zeug, ins Auto und losgefahren, große Qualmwolke und runter vom Parkplatz. Wir konnten das Paket ja schlecht abweisen, und es waren wirklich schöne Sachen drin. Vielleicht haben wir denen einfach Leid getan. Sicherlich waren es nette Leute, und vermutlich hatten sich noch nicht so viele Ostdeutsche so weit hinunter getraut.

Meine Schwester in Memmingen, Bayern, hatte damals mit der Familie schon eine Sozialwohnung, unterm Dach, mit zwei Toiletten. Es war wirklich eine wunderschöne Wohnung. Ganz neu und für wenig Miete, mit einem großen Kinderzimmer, einer geräumigen Küche und einem schönen großen Wohnzimmer mit Balkon.

Memmingen gefiel mir sofort – eine wunderschöne Stadt mit Gässchen und vielen Läden. Und damals schien es mir, als seien alle Leute schön angezogen, einfach schick.

Meiner Schwester war es unheimlich peinlich, wenn ich meine Emotionen zeigte. Aber ich bin eben so. Ich habe gesagt: »Ich komme aus Thüringen. Warum muss ich meine Sprache dem Bayerischen anpassen, wenn ich zu Besuch bin?«

Mir geht es jetzt materiell besser als früher. Ich glaube, ich bin von Haus aus so gestrickt, dass ich immer irgendwie aus allem das Beste für mich und meine Familie raushole. Zu Ostzeiten wäre mir das, glaube ich, nicht gelungen, weil man sich dann doch Zwängen hätte unterwerfen müssen, zum Beispiel in die Partei eintreten, um weiterzukommen. Das hätte ich nicht gemacht.

»*Das war verkehrte Welt*«

Jan Dressel, Jahrgang 1961, Redakteur, lebt in Gera (Thüringen)

Mit dem Westen hatte ich bis zur Wende nicht sehr viel zu tun. Das Einzige, was ich von dort besaß, war eine Schwimmbrille, die mir ein entfernter Verwandter geschickt hatte. Ich war in den 70er Jahren aktiver Schwimmer und wollte wenigstens so aussehen wie Mark Spitz. Die Brillen gab's bei uns nicht. Westfernsehen hatten wir wegen der Topographie erst spät. Ich weiß noch, wie die erste Sendung hieß, die ich gesehen habe – »Musikladen«, Ralph McTell sang »Streets of London«. Da war ich 14, und der Song passte gut, denn London war so etwas wie die Traumstadt meiner Jugend. Ich hatte eine Brieffreundin in London, die ich beim Urlaub in Ungarn kennen gelernt hatte. Wir haben uns jahrelang geschrieben. Ich war sozusagen ein bisschen anglophil. Wenn sich irgendwann die Chance ergeben hätte, wollte ich als Erstes nach London fahren. Über meinem Bett hing damals ein Stadtplan der britischen Metropole. Wenn man mich in den 70ern dort ausgesetzt hätte: Ich hätte mich problemlos zurechtgefunden.

Im Herbst 1989 habe ich als Nachrichtenredakteur bei der Geraer SED-Bezirkszeitung *Volkswacht* gearbeitet. Die Folgen von Schabowskis Versprecher habe ich erst richtig begriffen, als sich in der Nacht die Berliner aus Ost und West in den Armen lagen, ohne dass ein Schuss gefallen war. Am nächsten Tag bin ich zur üblichen Mittagssitzung in die Redaktion gegangen, die noch bis kurz zuvor ausschließlich der Redaktionsleitung vorbehalten war. Neuerdings nahmen auch »normale« Redakteure wie ich daran teil. Weil der Bezirk Gera an die BRD grenzte, habe ich in der Sitzung vorgeschlagen, dass jemand über die Situation an der Grenze berichten sollte. Es war schon die Zeit, in der Initiative mit Arbeit bestraft wurde. Also wurde ich bestimmt, zumal ich zu den wenigen gehörte, die einen gültigen Pass besaßen, weil ich kurz zuvor bei unserer Partnerzeitung im russischen Pskow gewesen war. Wir glaubten alle noch, man dürfe nur mit einem Pass in den Westen. Also suchten wir noch einen Fotografen und einen Fahrer mit Pass. Der Tag ging für Formalitäten und Vorbereitungen drauf. Wir haben uns dann am 11. November ganz zeitig getroffen und fuhren an die bayerische Grenze nach Hirschberg. Der Autobahnstau begann bei Triptis, 40 Kilometer vor dem Übergang. Wir sind parallel zur Autobahn auf der Landstraße gefahren. Offenbar glaubte niemand, dass man so auch ins Sperrgebiet kam, denn wir waren ziemlich schnell in Hirschberg. Am Grenzübergang hatte ich ein seltsam flaues Gefühl im Magen, wie viele Jahre später übrigens auch noch. Ich hatte eine angespannte Atmosphäre erwartet. Aber das Gegenteil war der Fall. Die DDR-Grenzer gaben sich fröhlich und gelassen, grüßten freundlich und ließen uns ohne Probleme durchfahren.

Hinter der Saalebrücke stand auf der anderen Seite des Flusses ein barackenartiger Bau des Bundesgrenzschutzes. Während alle anderen weitergefahren sind, haben wir angehalten und sind da rein. Die Männer da drin waren dann nicht ganz so fröhlich. Ich habe dem Erstbesten mein Diktiergerät unter die Nase gehalten, und noch ehe ich etwas fragen konnte, hat der mich barsch angefahren. Ich solle sofort das Mikro wegnehmen, er würde überhaupt nichts sagen. Im gleichen Moment stand sein Vorgesetzter hinter ihm, schob ihn beiseite und gab professionell und in warmen Worten seiner Freude Ausdruck, dass nun wieder zusammenwächst, was zusammengehört und so weiter.

Die Zurückweisung durch den ersten Grenzbeamten war für mich ein ziemlicher Schock. Das war verkehrte Welt – die DDR-Grenzer erleichtert und der BGS-Mann unter Druck. Der war kein bisschen freier in seiner Dienstausführung als ich damals. Und er hatte Angst vor mir. Ich hab eine Weile gebraucht, um das zu verarbeiten.

Als wir wieder draußen standen, war es immer noch dunkel. Wir hatten zwar kein Geld, aber noch Zeit. Deshalb sind wir nach Nürnberg weitergefahren. Von dort konnten wir es mit dem Benzin wieder zurück nach Hause schaffen. Die Landschaft kam mir unheimlich aufgeräumt vor. Wie vorbereitet. Das war befremdlich und erzeugte Distanz. So etwas habe ich später nur noch in der Schweiz gefunden. In den Städten sah es so aus, wie man es aus dem Fernsehen kannte.

An zwei Stellen in Nürnberg gab es das Begrüßungsgeld. Ich stellte mich auch mit an. Es war ein sehr unangenehmes und demütigendes Gefühl, wie sich manche Leute dort benahmen. Das hat an der Ehre gekratzt. In der Nürnberger Innenstadt stießen wir auf einen geparkten Lada. Unter den Scheibenwischer hatte jemand eine Banane und einen Zettel geklemmt, auf dem stand: »Willkommen in der Bananenrepublik.« Wir haben das fotografiert.

Das Bild mit der Banane wurde dann auch zu meinem 100-Zeilen-Bericht über die Erlebnisse an diesem Tag gedruckt. Der Bericht fand ein sehr geteiltes Echo. Irgendein Dr. Soundso schrieb einen empörten Leserbrief: Wie man eine so großartige Demokratie als Bananenrepublik verunglimpfen könne. Der hat das einfach falsch verstanden.

In London war ich übrigens bis heute nicht. Das war mir immer zu teuer.

»Ich kam mir vor wie im Ausland«

Clemens-Peter Wachenschwanz, Jahrgang 1946, Diplomsportlehrer, Kulturwissenschaftler, Kabarettist, lebt in Leipzig (Sachsen)

Ich bin ein typisches DDR-Kind. Vom Vater autoritär erzogen, vom Staat übernommen. Nach dem Studium bin ich bei der Armee in die Partei eingetreten, ohne mich wirklich damit beschäftigt zu haben. Ich funktionierte sozusagen gut. Erst ab 1985 – seitdem bin ich freischaffender Kabarettist – kamen mir nach und nach Zweifel. Auf der Bühne frotzelte ich, mit dem Gorbatschow-Buch in der Hand, über die Zustände im Land, und in der Parteiversammlung hielt ich die Klappe. Irgendwann habe ich mir gesagt: »Was bist du für ein Arsch? Entweder du hältst auf der Bühne die Schnauze, oder du machst sie in der Parteiversammlung auch auf!« Zum Eklat kam es 1988, als irgend so ein Minister eine flammende Rede für den neuen Wartburg hielt. Der sollte 36 000 Mark kosten, wegen 9,3 Milliarden Mark Entwicklungskosten und der 180 Zulieferbetriebe, die an der Produktion beteiligt waren. Der reinste Sarkasmus. Ich habe mein Dokument auf den Tisch gelegt und bin rausgegangen. Mit feuchter Hose zwar, weil ich Angst um meine Zulassung als Berufskünstler hatte, aber total erleichtert. Passiert ist nichts. Nach der Wende wollte von Kabarett erst mal niemand was wissen. Die Leute hatten nun neues Spielzeug: Videorecorder, Westautos und Reisekataloge. Ich musste ja auch erst einmal mein Leben neu organisieren.

Aufgewachsen bin ich im Südthüringer Zipfel, westlich von Coburg. Das gehörte eigentlich immer zu Franken, und die Veste Coburg habe ich immer von zu Hause aus gesehen. Mein Dorf liegt am Gleichberg. Ranfahren konnte man aber nur von einer Seite. Wenn man von oben ins Tal geschaut hat, blickte man auf zwei Drittel Westen. Und wenn ich als Kind mit meinem Vater spazieren ging, sagte der immer: »Guck mal, Junge, da ist der Westen.« Und in

Klammern stand der Satz dahinter: »Da kommst du nie hin.« Als die Mauer fiel, war mein erster Wunsch, mit meinem alten roten Lada, der schon 320 000 Kilometer auf dem Buckel hatte, auf die andere Seite zu fahren. Über Kronach und Coburg habe ich mich dem Berg genähert. Ich kam mir vor wie im Ausland. Die Kneipenschilder, die Straßenbeschilderung. Ich war unruhig, ich war aufgeregt, ein furchtbarer Zustand, der andererseits aber doch spannend und interessant war. Ich fühlte mich vollkommen fremd, auch als ich mein Dorf schon am Berghang liegen sah. In dem Ort dort auf der Westseite habe ich meine Fensterscheibe runtergekurbelt und einen Mann gefragt, wo die nächste Stelle ist, an der ich die Grenze überqueren kann. Die Schlagbäume waren ja noch nicht überall geöffnet. Und der antwortete mir in meinem Dialekt! Das werde ich nie vergessen. Es ging mir warm bis in den Bauch runter, und ich fühlte mich zu Hause. Nur über die Sprache. Das war für mich ganz überraschend. Von einem Moment auf den anderen war alles vergessen, was uns 40 Jahre lang getrennt hatte.

Ende Juni 1990 habe ich an den Chansontagen in Frankfurt/Oder teilgenommen. Dort bin ich einer Redakteurin vom Westdeutschen Rundfunk aufgefallen, und die lud mich prompt zum WDR-Kabarettfest ins Pantheon. Die haben mir eine anständige Gage angeboten, da habe ich nur mit den Ohren geschlackert. Und nicht nur das – ich wurde eingeflogen und kam mir vor wie der große Star aus dem Osten. Zuvor war ich nur mal in den 70ern mit einer Antonow zu einer Sportoffizierstagung geflogen. Jetzt saß ich in einem richtigen Flieger, und weiter ging's mit dem Taxi. Ich habe all meinen Mut zusammengenommen und mir sogar von dem Taxifahrer für die Steuererklärung eine Quittung geben lassen. Das baute ich dann alles gleich in mein Programm ein, für die ersten zehn Minuten Improvisation. Ich habe ganz ehrlich und naiv erzählt, wie ich mich auf der Reise nach Bonn gefühlt hatte. Das Publikum lag flach. Aber ich hatte nicht das Gefühl, dass die Leute mich auslachten; die konnten das nachvollziehen. Hinterher hatte der WDR in ein italienisches Restaurant eingeladen. Ich war ein bisschen der Mittelpunkt, ganz ungewollt. Wir haben untereinander ein wenig gefrotzelt. »Was ist denn das für Gemüse?« habe ich mit Blick auf meinen Teller gefragt. Die dachten, ich mache immer noch Kabarett. Ich hatte aber wirklich noch nie Broccoli gesehen, geschweige denn gegessen. Matthias Beltz, ein gestandener Frankfurter Kabarettist, nahm mich dann für die Zeit meines Aufenthalts dort unter seine Fittiche. Er wohnte im Maritim-Hotel auf derselben Etage wie ich. Unter uns waren die Berliner Kabarettisten untergebracht, die wir einmal besuchen wollten. Wir nahmen also den Fahrstuhl, steckten die Chipkarte in den Schlitz und drückten den Knopf für das Stockwerk. Wir rauschten bis in die Tiefgarage durch. »Chipkarte kaputt«, meinte Beltz. Dann versuchten wir es über die Treppe und mussten feststellen, dass an den Türen zu den Etagen nur Knaufe waren, so dass man sie nicht öffnen konnte. Wir kamen nirgends rein. Also wieder runter zur Tiefgarage. Beltz regte sich an der Rezeption mächtig auf. Dort stellte sich heraus, dass wir in einem Diplomatenhotel untergebracht waren und jeder Gast mit seiner Chipkarte nur Zugang zu seiner Etage hatte. Man hat uns dann die Tür zur gewünschten Etage geöffnet. Wäre ich allein gewesen, hätte ich mich bestimmt in meinem Zimmer verkrochen und gedacht: »Du blöder Ossi, zu dumm, die Türen aufzumachen.«

»Hefeweizen trinke ich heute noch«

Karl-Heinz Scheler, Jahrgang 1945, Glasapparatebläser, Ingenieur für Glastechnikverarbeitung, Diplom-Staatswissenschaftler, arbeitslos, lebt in Neuhaus am Rennweg (Thüringen)

Als wir an dem Morgen im November Richtung Neustadt bei Coburg aufbrachen, war es eisig kalt. Null Grad Celsius und es ging fast nur bergab, der Trabi wurde gar nicht richtig warm. Wir waren zu fünft im Auto. Meine Frau, ihre Eltern, unser Sohn und ich. Auf dem Markt in Neustadt herrschte ein riesiges Gedränge. Wir holten unser Begrüßungsgeld, und im Foyer des Rathauses sah ich, wie jemand kostenlos Kulmbacher Reichelbräu verteilte. Diese kleinen Sixpacks mit 0,33er Flaschen. Ich holte mir eine Packung, dann stellte sich meine Frau an. Anschließend überredete ich Oma und Opa und stellte mich selbst noch mal an. Es fiel gar nicht auf bei den Massen. Wir hatten ungefähr sieben Sixpacks, als ich vorschlug, den Kofferraum mit Bier voll zu laden, nach Hause zu fahren und wieder herzukommen. Es wäre nur eine halbe Stunde Fahrt gewesen. Aber da haben die Frauen gestreikt. Sie wollten unbedingt noch andere Sachen einkaufen.

Wir sind dann nach Lichtenfels weitergefahren. Mein Sohn war neun und wollte unbedingt irgendwas von Lego. Das Zeug war ziemlich teuer. Wir haben ihm dann etwas gekauft, aber er war nicht zufrieden. Er wollte noch mehr und hat geweint. Aber wir brauchten das Geld ja noch für andere Dinge. Da hat ihm eine fremde Frau einfach so zehn Westmark gegeben. Sie musste das schon mehrmals an diesem Tag gemacht haben. Die Frau erzählte uns, sie hätte insgesamt schon 100 D-Mark an Kinder verschenkt.

Danach waren wir in einem Getränkemarkt. Das war der Wahnsinn: 50 Sorten Bier zur Auswahl. Ich wollte mir ein paar Flaschen für die Feiertage mitnehmen und habe den Verkäufer gefragt, ob sich das Bier auch bis Weihnachten hält. Ich meine, wir hatten ja nur Sonneberger Bier. Das hielt sich ungefähr zwei, drei Tage, höchstens vier. Dann war es schlecht. Der Verkäufer hat gelacht und gefragt: »Welches Jahr zu Weihnachten?« Dann erzählte er was von Reinheitsgebot und so. Hatten wir doch keine Ahnung von! Ich habe dann von sechs verschiedenen Sorten je zwei Flaschen genommen. Die haben wir bei uns im Keller eingelagert.

Zu Weihnachten saß ich dann mit einem Kumpel vor dem Fernseher. »Zwischen Frühstück und Gänsebraten« hieß die Sendung, die immer am ersten Feiertag kam. Mit Margot Ebert und »Heinz, dem Quermann«. Dabei haben wir ein gutes Bierchen getrunken. Erst zwei Krombacher, das weiß ich noch, danach zwei Becks. Dann habe ich zwei Flaschen »Hefeweizen« geholt. Ehrlich, ich wusste nicht, was das ist. Ich nehme also ein Glas, gieße das Bier ein und ... trübe die Brühe! »Ich werd verrückt«, habe ich gesagt, »das Schwein hat mich belogen.« Dann haben wir beschlossen, das Zeug doch mal zu kosten. »Schlecht schmeckt's nicht«, hat mein Kumpel gesagt. Wir tranken es dann aus, nahmen aber sicherheitshalber noch ein paar Schnäpse dazu.

Hefeweizen trinke ich heute noch ab und zu gern.

»*In der Nacht so ein Aufriss*«

Kersten Wetzel, Jahrgang 1961,
ehemaliger Bundestagsabgeordneter, Unternehmer,
lebt in Saalfeld (Thüringen)

Ich habe am 9. November 1989 gegen Mittag erfahren, dass in Berlin die Junge Union der DDR gegründet wird. Zusammen mit einem Freund hatte ich schon zwei Monate vorher versucht, die Christlich-Demokratische Jugend zu gründen, was uns aber nicht gelungen war. Man rief uns also an jenem Donnerstag an und fragte: »Könnt ihr kommen?« Die Gründungsveranstaltung sollte um sechs in der Redaktion der *Neuen Zeit*, so hieß damals die Zeitung der Ost-CDU, beginnen. Das Gebäude stand in Ostberlin nahe der Ecke Friedrichstraße/Unter den Linden. Dort hatten wir auch unseren Trabi geparkt.

Wir saßen da also mit 25 bis 30 jungen Theologen und Christen und haben von der berühmten Pressekonferenz mit Schabowski nichts mitbekommen. Um acht sind wir dann gleich zum Friedensgebet in den Französischen Dom gegangen, gegenüber vom Hauptgebäude des CDU-Vorstandes. Da haben zum Beispiel der damalige Konsistorialpräsident Manfred Stolpe und Lothar de Maizière gesprochen, den bis dahin kaum einer kannte. Gegen zehn kamen wir dort raus. Weil mein Freund am nächsten Tag Frühschicht in seiner Druckerei in Thüringen hatte, sind wir schnurstracks zum Auto gelaufen. Am Brandenburger Tor hörten wir Gejohle und Gebrülle. Aber weil damals überall etwas los war auf den Straßen, haben wir das nicht für voll genommen.

Wir fahren also über den Berliner Ring, und da kommen uns eine Menge Autos entgegen, die Lichtsignale geben und hupen. Wir dachten: »Sind die blöde? Was machen die denn in der Nacht so einen Aufriss!« Das Radio war aus, weil wir uns über die Gründung der CDJ und das Friedensgebet unterhielten. Irgendwo zwischen Niemegk und Leipzig haben wir dann doch das Radio angeschaltet.

Und da hören wir: »Die Grenze ist auf, Berlin hat die Grenze geöffnet.« Ich sage zu meinem Freund: »Mensch, wollen wir nicht umlenken und dahin fahren?« Er sagt: »Ach komm, ich muss morgen zur Frühschicht.« Und das, muss ich ehrlich sagen, war ein unverzeihlicher Fehler. Dass wir da nicht umgekehrt sind! An dem Tag ist doch kaum jemand zur Arbeit gegangen.

In den Wochen danach hatte ich alle Hände voll zu tun mit politischem Organisationskram und keine Zeit, mich irgendwo in die Autoschlange zu stellen. Ich habe mich beispielsweise um den Entwurf für ein Zivildienstgesetz gekümmert. Meine Frau hat mit mir geschimpft: »Alle waren schon drüben einkaufen, nur wir nicht.« Da sagte ich: »Okay, wir fahren nach Hof. Ich besorge mir das Zivildienstgesetzbuch der BRD, und du gehst einkaufen.« Im Hofer CDU-Büro hatten sie aber mit Zivildienst nicht viel am Hut. Das Gesetz habe ich mir dann bei einem Pfarrer in Wunsiedel besorgt.

Unser Begrüßungsgeld haben wir irgendwo in Hof geholt. Ich weiß noch, dass ich zwei Flaschen Lemnitzhammer Schwarzbier mithatte. Das war eines der besten Schwarzbiere der DDR. Die Brauerei gibt es heute nicht mehr. Die beiden Flaschen habe ich dem Beamten gegeben, der dort die Ausweise nach dem Empfang des Geldes abstempelte. Na, der hat sich gefreut! Er hat gesagt: »Sie sind bisher wirklich die Einzigen, die auch mal was mitbringen.« Nur das Geld zu holen, wäre mir peinlich gewesen. Was meine Frau gekauft hat, weiß ich nicht mehr.

»Andere waren etwas dynamischer als ich«

Peter Jähnel, Jahrgang 1953, Journalist, lebt in Cottbus (Brandenburg)

Nach dieser Pressekonferenz mit Schabowski schaltete ich die »Berliner Abendschau« im SFB-Fernsehen an und hörte erstaunt, dass der Regierende Bürgermeister von Westberlin, Walter Momper, freudestrahlend den Fall der Mauer bekannt gab. Ich glaubte an ein Missverständnis, denn für jeden normalen DDR-Bürger war ja klar, dass die Behörden erst am kommenden Tag, dem 10. November, frühmorgens öffnen würden, dass man einen Antrag stellen müsste, um dann mit ordentlichen Papieren nach Westberlin oder Westdeutschland reisen zu dürfen. Andere hatten seine Worte offensichtlich anders aufgefasst und waren etwas dynamischer als ich. Die reagierten emotional und entschieden spontan, selbst nachzusehen, was an der Meldung dran war. Ich kam gar nicht auf den Gedanken, einfach mal eine Grenzübergangsstelle anzusteuern. Deshalb legte ich mich ganz normal schlafen. Morgens hörte ich in den Nachrichten, dass Trabis auf dem Kurfürstendamm gesichtet worden waren, und zwar gleich hunderte. Ich dachte: Ich fasse es nicht, ich habe mich verhört. Trabis auf dem Ku'damm! Ich konnte mir überhaupt nicht vorstellen, was da passiert war. Ich schaltete sofort den Fernseher ein und sah die Bilder aus der Nacht: Wartburgs und Trabis auf Westberliner Straßen, zehntausende Ossis im Jubel mit Wessis vereint. Ich war wie elektrisiert, meine Familie auch, und ich habe sofort mit meiner Frau überlegt, was wir machen sollen. Ich hatte zwar einen freien Tag, aber wir mussten uns um unsere zwei kleinen Kinder kümmern. Ich war mir nicht sicher, ob ich mich von Berlin-Hohenschönhausen, meinem damaligen Wohnort, gleich zum Bahnhof Friedrichstraße, der etwa zehn Kilometer von uns entfernt ist und wo sich ein Grenzübergang befand, auf den Weg machen oder besser den Behördenweg nehmen sollte.

Auf der Straße traf ich Leute, die schon aus Westberlin zurückkehrten. Sie erzählten mir voller Begeisterung, dass sie ohne irgendwelche Anträge rübergekommen waren. Andere sagten, letzte Nacht wäre das möglich gewesen, aber inzwischen hätte man die Grenzen wieder geschlossen. Ich wollte das Risiko ausschließen, ohne Papiere vor der Grenze zu stehen und zurückzumüssen. Ich konnte mir immer noch nicht vorstellen, am helllichten Tag, ohne einen Stempel im Ausweis, ohne ein Visum oder was auch immer in den Westen zu fahren. Es war einfach unglaublich.

Also ging ich zur Meldestelle in unserem Wohnbezirk, doch Tausende hatten vor mir denselben Gedanken gehabt. Ich stellte mich dort an, wie es sich für einen zwar kritischen, aber doch ziemlich folgsamen DDR-Bürger gehörte. Die Schlange wuchs dann auf etwa 300, 400 Meter an und zwar in Fünfer- oder Zehnerreihen. Ich brauchte drei Stunden, um zu dem Stempel in meinem Personalausweis zu kommen.

Mit meiner damals fünfjährigen Tochter Jessica habe ich mich dann mit der Straßenbahn auf den Weg zur Friedrichstraße gemacht. Vor dem Bahnhof hatte sich wieder eine riesige Schlange aus Tausenden von Menschen gebildet, die in Zehnerreihen standen – eine typische sozialistische Wartegemeinschaft. Plötzlich gab es überhaupt keine Schranken mehr, wir waren uns alle einig: Endlich ist es soweit, endlich können wir rüber. Diese schlimme Mauer war durchlässig geworden. Es war ein riesiges Glücksgefühl, das in der Luft lag und sich in uns ausbreitete. Es gab nur einen Ausdruck, der dieses Hochgefühl annähernd beschreiben konnte, den wir immer wieder hörten und den ich selbst benutzte: »Wahnsinn!« Es war Wahnsinn.

Wir mussten schließlich durch den so genannten Tränenpalast, ein Gebäude direkt neben dem Bahnhof Friedrichstraße, in dem sich der Grenzübergang befand. Und da sah ich dann auch, welches verwinkelte und komplizierte Kontrollsystem dort aufgebaut worden war. Man musste durch enge Gänge gehen, überall waren Kontrollspiegel und Geländer angebracht, die uns zu kleinen Abfertigungsständen leiteten, in denen Grenzsoldaten standen. Die waren jetzt natürlich machtlos und auch hilflos, aber Mitleid konnte ich mit denen nicht haben. Kaum jemand kontrollierte noch ernsthaft, es gab nur noch Blickkontrollen. Keiner der Grenzsoldaten nahm einen Ausweis in die Hand. Man ging einfach durch, triumphierend, aber es liefen einem gleichzeitig Schauer über den Rücken.

Auf dem Bahnsteig standen Massen von Menschen eng gedrängt, und es grenzte an ein Wunder, dass in diesem Getümmel niemand auf die Gleise stürzte. Meine Tochter war ein kleines Mädchen, und ich hatte Angst, dass sie zerdrückt werden würde zwischen den Massen. Ich nahm sie auf meine Schultern. Es herrschte eine angespannte Atmosphäre, die Leute unterhielten sich laut, es gab Rufe, immer wieder hörte man das Wort »Wahnsinn«. Dann kam die S-Bahn, die Türen gingen auf, die Leute strömten in den Waggon, und schon schlossen sich die Türen. Wie man es aus Bildern vom Berufsverkehr in Tokio kennt. Es passte niemand mehr hinein, aber zugleich standen immer noch Hunderte von Leuten draußen.

Schon auf der nächsten Station, am Lehrter Bahnhof, waren wir in Westberlin, wohin bis zu diesem Tag nur wenige DDR-Bürger ihren Fuß gesetzt hatten. Als ich sah, wie viele Leute da gleich am Anfang ausstiegen, und weil es draußen schon dunkel wurde, sagte ich mir: »Da fährst du lieber weiter, hier kommst du nie an das Begrüßungsgeld, da wartest du wieder und diesmal bis Mitternacht.« Ich fuhr dann ein paar Stationen bis zum Savigny-Platz. Wir waren zwar immer noch etliche, die unterwegs waren, aber ich kam doch ohne Mühe mit meiner Tochter aus der Bahn. Ich lief ein bisschen durch das Viertel, über den Platz und schaute mich um. Es war ja alles ungewohnt: Die Häuser sauber, die Geschäfte hell erleuchtet und voll mit Waren, die schönen Bäckereien, die Obstläden mit dem riesigen Angebot. Bei einer Sparkassenfiliale holte ich mir das Geld, dort stand niemand an. Das Personal war sehr freundlich. Da hatte ich also meine ersten 100 Westmark.

Allerdings waren 100 Mark West nicht viel. Es war klar, dass man damit keine großen Sprünge machen und sich nichts Teures kaufen konnte. In diesen Momenten damals habe ich auch noch gar nicht darüber nachgedacht. Also ging ich mit Jessica in einen Obst- und Gemüseladen in der Nähe. Dort gab es natürlich alles, was das Herz begehrte. Aber ich hatte nicht die Absicht, viel einzukaufen, sondern nur etwas Symbolisches. Deshalb nahm ich einige Kiwis für mich und meine Familie mit; die gab's ja in der DDR überhaupt nicht. Das war etwas ganz Besonderes. Und damit hatte ich mich natürlich auch gleich als Ossi geoutet, denn der Verkäufer hat das Leuchten in meinen Augen gesehen angesichts dieser seltsamen Frucht. Zu Hause haben wir dann alle gemeinsam die Kiwis gekostet und aufgegessen. Das war mein erstes Geschmacksgefühl vom Westen, und der Westen schmeckte gut!

An einem späteren Wochenende bin ich dann noch mal mit meiner Familie an der Bornholmer Straße über die Grenze gegangen, mit meiner Frau und meinen beiden kleinen Mädchen. Da erlebten wir dieses tolle Gefühl, empfangen zu werden. Die Westberliner waren freundlich zu uns, aufgeschlossen, es gab eine riesige Hilfsbereitschaft, wie ich sie niemals vermutet hätte. Die DDR-Führung hatte ja alles unternommen, um uns weiszumachen, dass die Wessis Ausbeuter seien und uns hassen. Aber nichts davon war in diesen Tagen zu spüren – eine Welle der Sympathie schlug uns entgegen. Südfrüchte, vor allem Bananen, wurden manchmal von LKWs runter verkauft oder in Plastebeuteln verteilt. Die Leute liefen dann mit ihren Bananenbeuteln herum. Das war sicher nicht jedermanns Geschmack, aber es war eben eine Art, Sympathie zu zeigen und die Landsleute aus dem Osten willkommen zu heißen.

In dieser Zeit konnte man regelrecht spüren, dass eine ganz besondere Stimmung in der Luft lag, so wie man sie nur in diesen seltenen Sternstunden der Menschheit erlebt – mit einer ungeheuren Begeisterung, großer Offenheit und viel Optimismus. Man darf ja auch nicht vergessen: Die Leute lebten in der DDR noch in relativ gesicherten sozialen Verhältnissen und hatten alle ihre Arbeit. Viele konnten sich wahrscheinlich damals nicht vorstellen, dass mit der Maueröffnung auch die weniger guten Segnungen der westlichen Welt zu uns kommen würden.

Tränen flossen bei mir selbst nicht. Ich war begeistert, ja. Aber geheult habe ich nicht vor Freude, die zeigt sich bei mir auf eine andere Art. Ich sage nur: »Es war der blanke Wahnsinn!«

»Ich wollte mich vor dieser Euphorie schützen«

Ulrike Worm, Jahrgang 1963, Kindergärtnerin, lebt in Jena (Thüringen)

Am 9. November hat meine Mutti Geburtstag, und deshalb verbrachte ich den Tag der Maueröffnung nachmittags auf ihrer Geburtstagsfeier. Für den Abend war ich mit einer Freundin verabredet; wir hatten zwei der heiß begehrten Karten für die Pantomimetage in Jena ergattert, für eine Vorstellung von Harald Seime. Wir kamen abends dorthin, und es war ziemlich leer, eigentlich ein Unding bei Seime. Und alle, die dort waren, hatten nur die Maueröffnung im Kopf. Aber Seime zog sein Programm durch. Wir sind dann in der Pause gegangen, weil wir uns einfach nicht auf die Vorstellung konzentrieren konnten.

Als mein Freund noch am selben Abend nach Westberlin gefahren ist, dachte ich: »Den siehst du nie wieder! Das war's jetzt, damit ist die Beziehung beendet.« Ich konnte mir nicht vorstellen, dass die Mauer für immer offen bleibt. Ich nahm wirklich an, nach zwei Tagen würde es heißen, es war ein Versehen. Ich konnte mich zu diesem Zeitpunkt einfach nicht freuen und konnte auch die Südfrüchte nicht essen, die mein Freund mir mitbrachte, als er nach zwei Tagen wiederkam. Die ganze Zeit über hatte ich nur gedacht: »Jetzt ist es aus mit uns. Und das alles nur wegen dem blöden Westen!«

Als ich dann das erste Mal drüben war, in Lichtenfels, Bayern, war mein Gedanke: »Es riecht irgendwie gar nicht nach Intershop.« Ich hatte diesen Mix aus Waschpulver, Seife, Schokolade und Parfüm erwartet. Ich fand es zwar insgesamt sauberer als bei uns, und mir gefiel die Landschaft, aber die Stadt an sich hat mich nicht besonders beeindruckt. Sie wirkte auf mich eher langweilig. Ich dachte: »Das soll es nun sein?« Ich konnte die Meinung mancher Wessis nicht nachvollziehen, die behaupteten, bei ihnen sei alles viel grüner und bei uns alles nur grau. Ich sah das nicht so, vielleicht, weil es nicht meine Heimat war. Es war fast zu ordentlich, zu perfekt. Ich hatte auch das Gefühl, dass wir den Leuten in Lichtenfels total auf die Nerven gingen; sie waren nicht unbedingt freundlich. Die waren gestresst, beispielsweise wegen der Ostkinder in den Spielzeugläden. Meine beiden Jungs – damals waren die fünf und sieben Jahre alt – sind natürlich gleich in den ersten Spielzeugladen rein und drehten da völlig durch, bis ich dem irgendwann ein Ende machte und sagte: »So, stopp, ihr wolltet das und das haben, und das kaufen wir, mehr nicht.« Vielleicht war es anfangs für die Verkäuferinnen ganz lustig und rührend, zig kleine Ossis im Laden zu haben, die alle durchdrehen, weil sie das viele Spielzeug nicht verkraften. Aber irgendwann hat es ihnen gereicht.

Ich wollte mich anfangs vor dieser Euphorie schützen. Mir ging es auf den Keks, dass sich auf der Arbeit alles nur noch um den Westen drehte: Wie schön es da drüben ist, wie toll, und was es da alles zu kaufen gibt. Es war eine verrückte Zeit damals. Wir ahnten, dass jetzt vieles anders wird, aber keiner wusste, was wirklich kommt, was sich alles ändern wird und wo es langgeht. Wir waren alle ein bisschen durchgeknallt. Meine Mutter meinte irgendwann: »So, heute Abend essen wir wieder alle richtig normal Abendbrot, das, was wir immer gegessen haben, und wir kommen jetzt alle mal wieder ein wenig runter mit den Emotionen.« Das war wirklich gut, weil es zu unserer Stimmung passte.

Zum Zeitpunkt der Währungsunion war ich bei Freunden, die unbedingt im Fernsehen miterleben wollten, wie Kohl mit seiner Hannelore feiert. Ich musste heulen, ich konnte mich nicht freuen. Meine Freunde haben mich verwundert angeschaut. Ich fand diesen Jubel schlimm – nur wegen dem blöden Geld. Da war schon abzusehen, worauf das hinausläuft.

Dass sich beruflich endlich etwas änderte und dass ich machen konnte, wovon ich schon so lange dachte, es müsste passieren, darüber freute ich mich sehr. Aber ich wollte diese Einheit nicht denen im Westen zu verdanken haben.

Im Nachhinein habe ich ein anderes Verhältnis zur Maueröffnung und zur Wendezeit, aber ich bereue es immer noch nicht, dass ich nicht gleich nach Berlin gefahren bin. Ich wollte damals nicht ein Teil der Massen sein. Von all den Menschen wäre dir im normalen Leben sowieso nur jeder Zweite sympathisch gewesen. Die Bilder von der Maueröffnung berühren mich heute sehr, selbst in Filmen wie »Good Bye, Lenin!«. Die Euphorie geht mir nachträglich sehr nah.

Was ich inzwischen bereue, ist, dass ich nicht gleich die Chance genutzt habe, ins Ausland zu gehen. Ich musste Geld verdienen für meine zwei kleinen Kinder und steckte wohl schon zu sehr in meinen Strukturen fest. Das tut mir ein bisschen Leid. Heute brauchen die Kinder immer noch Geld, und so ein Schritt wird jetzt immer schwerer.

»Alles roch nach Westen«

Steffen Sourisseaux, Jahrgang 1965, Instandhaltungsmechaniker, arbeitslos, lebt in Jena (Thüringen)

Ich hatte als Kind das Glück, eine Westoma zu haben. Die hat dafür gesorgt, dass ich ein großer Matchbox-Fan geworden bin. Ich wusste, wie es im Intershop riecht und was es dort gibt. Da kaufte ich Kassetten, Süßigkeiten und Matchbox-Autos. Das teuerste war ein großer Truck für 17 D-Mark. Ich musste meine Mutter lange überreden, bis sie ihn mir kaufte.

Das erste Mal im Westen war für mich trotzdem total faszinierend. Es war ein Donnerstag, als dieser Schabowski die neuen Reiseregelungen bekannt gab. Am nächsten Tag hatte meine Frau Spätschicht, sie war schwanger, arbeitete aber noch. Ich schnappte unsere »Persos« und holte meine Frau von der Arbeit ab. Noch am späten Abend haben wir uns die Stempel für die Ausreise besorgt und sind gegen Mitternacht losgefahren. Wir hatten heißen Tee und Decken in den Trabi gepackt, weil es hieß, dass es lange Staus vor der Grenze gibt. War aber gar nicht so schlimm.

Wir sind die A9 runter Richtung Hof, unter der Raststätte Frankenwald durch, die über die Autobahn gebaut ist. Na, so was kanntest du doch nicht! In Hof selbst war nicht viel los. Wir haben uns auf einen Parkplatz gestellt, uns in die Decken eingewickelt und eine Runde im Auto geschlafen. Als es hell wurde, stellten wir fest, dass wir genau gegenüber der Frankenhalle standen, die die ganze Nacht für Besucher aus dem Osten offen gewesen war. Da hätte es sogar Betten gegeben.

Durch das Zentrum von Hof wälzte sich ein einziger Menschenstrom. Halb Sachsen muss an dem Tag da gewesen sein. Nachdem wir unser Begrüßungsgeld abgeholt hatten, schauten wir uns erst einmal um. Vor allem die Süßwarenläden faszinierten mich. Alles roch nach Westen: Schokolade, Nougat … Wir packten zwei, drei

Sachen in Tütchen, nicht mal 100 Gramm. Man wollte doch das Geld nicht gleich wieder ausgeben.

In der Elektronikabteilung des Kaufhauses sind mir die Augen übergegangen. Was es da alles gab! Aber wir haben schließlich doch nur Mandarinen und Bananen mit nach Hause genommen. Bei unserem Einkauf hatten uns zwei alte Damen eine ganze Weile beobachtet. Sie fragten uns, wo wir herkommen. Ich sagte: »Aus Jena.« – »Ach«, sagte eine der Damen, »aus China. Dafür können Sie aber gut Deutsch!« Vielleicht lag es an meiner Aussprache, dass sie mich falsch verstanden hatte. Ich habe ihr dann erklärt, wo Jena liegt, und hatte nicht den Eindruck, dass sie jemals von dieser Stadt gehört hatte. Uns waren ja fast alle größeren Städte im Westen ein Begriff. Ich glaube, es ist immer noch so, dass die Leute von drüben sich bei uns nicht so auskennen.

Gerechterweise muss ich aber sagen: Die Hofer waren damals trotz des Massenansturms unheimlich nett. Wir hatten den Eindruck, sie waren auch froh darüber, dass alles so gekommen ist. Heute gehen die Meinungen da sicher auseinander. In der DDR war vieles gut, vor allem soziale Sachen. Damals wurde dir alles vom Staat abgenommen. Und plötzlich stand man allein da und musste sich um alles selbst kümmern. Aber im Großen und Ganzen ist es besser so, auch wenn ich jetzt arbeitslos bin. Da kannst du nichts machen.

Der teure Matchbox-Truck steht jetzt bei meinem sechsjährigen Sohn im Kinderzimmer. Ich habe ihn in den Schrank gestellt. Er kann ihn nicht schätzen – die Wegwerfgesellschaft eben.

»Wie, wir fahren jetzt dort rüber?«

Conny Fröhlich, Jahrgang 1969, Sportlehrerin, Journalistin, lebt in Leipzig (Sachsen)

Sport war mein Ding, und 1988 fing ich in Halle mit dem Lehrerstudium in den Fächern Sport und Biologie an. Bis dahin war ich in der DDR den ganz normalen Weg gegangen. Und normal hieß in der DDR: Ein sehr sportliches Kind wie ich kam in der Regel auf eine Sportschule oder in ein so genanntes Trainingszentrum. Ich war ab meinem sechsten Lebensjahr in einem Trainingszentrum für Schwimmer. Die Ärzte stellten fest, dass ich einmal sehr groß werden würde – etwa 1,80 Meter –, und daraufhin wurde ich sofort in eine Leistungsgruppe gesteckt. Ich trainierte jeden Tag. Meine Kindheit bestand im Grunde daraus, zur Schule zu gehen, dann zum Training, Hausaufgaben zu machen, zu schlafen, wieder zur Schule zu gehen und so weiter. Immer in dieser Abfolge. Meine Ferien verbrachte ich in Trainingslagern.

Im zweiten Studienjahr, im Oktober 1989, mussten wir, wie es üblich war, in dieses ominöse ZV-Lager, um uns in Zivilverteidigung zu üben. Wir kamen in ein ganz normales Armeelager nach Templin, nördlich von Berlin. Die Armisten waren weg, und wir zogen dort ein. Ich hatte das eigentlich schon völlig verdrängt, kann mich aber noch gut an die Situation erinnern: Wir fuhren mit dem Zug dorthin, marschierten in das Lager rein, sahen, wie das Tor hinter uns zu ging, und wussten, wir kommen hier sechs Wochen lang nicht raus. Wir Sportstudentinnen wurden sofort als Ausbilderinnen eingeteilt, hatten also gleich einen besonderen Status. Unsere Aufgabe war es, den anderen Mädchen beizubringen, über die Sturmbahn zu rennen, und mit ihnen Ausdauertraining zu machen.

Im Lager herrschte eine regelrechte Hierarchie. Wir Ausbilderinnen konnten uns zum Beispiel in Räumen aufhalten, die die anderen Studentinnen nicht betreten durften. Wir hatten auch andere Unterkünfte als sie. Es war sehr merkwürdig.

Wir hatten überhaupt keinen Kontakt zur Außenwelt; es gab natürlich auch keine Telefonzellen. Wenn man telefonieren wollte, musste man bei der Lagerleitung fragen. Es war eine besondere Situation. Ich habe nur Briefe nach Hause geschrieben. Im Grunde haben wir wie auf einer Insel gelebt und nicht gewusst, was draußen los war. Meine Mutter schrieb mir in ihren Briefen von den Montagsdemonstrationen. Nur so habe ich überhaupt mitbekommen, dass draußen irgendetwas passiert. Wir haben uns zwar auch im Lager untereinander ausgetauscht, aber ich hatte nicht das Gefühl, dass uns die Nachrichten direkt betroffen haben, weil wir ja auf dieser Insel lebten. Es gab zwar einen Fernseher, aber der stand im Speisesaal und war – das werde ich nie vergessen – hinten verplombt. Man konnte nur DDR-Fernsehen empfangen.

Wir zogen da also jeden Tag unsere Ausbildung durch und lernten, wie man sich bei einem Atombombenanschlag schützt, in dem man sich innerhalb von Sekunden in irgendwelche Anzüge quält. Totaler Blödsinn. Am Abend des 18. Oktober wurden wir alle im Speisesaal zusammengerufen, der Fernseher lief, und Egon Krenz hielt seine Ansprache. Ich hörte ihn sagen, dass er jetzt die Regierungsgeschäfte übernommen habe. Ich begriff nicht, wovon er eigentlich redete. Von da an herrschte eine eigenartige Spannung im Lager. Auch eine große Unruhe, vor allem unter den Ausbildern, die nicht wussten, wie es weitergeht. Die Mädchen zeigten uns einen Vogel, wenn sie auf der Sturmbahn trainieren sollten. Wir verständigten uns dann so, dass niemand mehr mitmachen musste, der nicht wollte. Der ganze Ausbildungsplan war mit einem Schlag hinfällig geworden. Wir hatten nicht mehr das Gefühl, dass es »da oben« einen gibt, der sagt, was zu tun ist.

Nach knapp vier Wochen, es war der 11. November 1989, also bereits zwei Tage nach der Maueröffnung, habe ich das freie Wochenende genommen, das während der Ausbildung jedem zustand. Meine Zimmernachbarin verabschiedete sich von mir mit den Worten: »Conny, ich glaube, du kannst alles mitnehmen, du brauchst nicht mehr wiederzukommen.« Und ich habe ihr darauf in meiner völligen Ergebenheit diesem Staat gegenüber geantwortet: »Aber das geht doch nicht! Wir müssen doch hierher zurückkommen!« Und ich habe wirklich nur Sachen fürs Wochenende eingepackt.

Der Zug nach Plauen war brechend voll, und es herrschte eine ganz merkwürdige Stimmung. Ich wusste ja von nichts. Mir ist im Nachhinein, als wäre ich wie durch einen luftleeren Raum gefahren. Ich habe auch während der Fahrt mit niemandem geredet.

Spätabends kam ich in Plauen an. Meine Eltern waren im Wochenendhaus. Ich machte den Fernseher an und dachte: »Was ist denn hier los?« Ich war völlig konsterniert. Ich schaute auf die Fernsehbilder, sah die Nachrichten vom Mauerfall und und dachte: Das ist ein Witz. Ich stand mit meiner Tasche im Wohnzimmer, hatte noch nicht meine Jacke ausgezogen und wusste nicht, wie mir geschah. Ich rief dann meinen Freund an, um mir von ihm erklären zu lassen, was passiert ist. Da sagt er in diesem wunderbaren Plauener Dialekt: »Na, dö Mauer is offen. Das hast du wohl nicht mitgekriegt?« Ich hatte die ganze Entwicklung verpasst! Ich habe mich dann auf den Weg zu ihm gemacht. Ich lief durch die Stadt und konnte nicht fassen, was geschehen war. In diesem Augenblick ist mir mein Onkel in den Sinn gekommen. Er saß eine Zeit lang in Stasihaft – eine furchtbare Geschichte für unsere ganze Familie. Als er 1988 entlassen wurde, hat er in einer Familienrunde prophezeit: »Ich sage euch, es dauert nicht mehr lange, und die Mauer fällt!« Ich habe mich mit ihm gestritten: »Wie kannst du so was sagen? Diese Mauer wird nie fallen, das ist ein antifaschistischer Schutzwall.« – »Doch, Conny«, hat mein Onkel mir entgegnet, »du wirst es sehen.« Und während ich da allein durch Plauen lief, schwirrten mir die ganze Zeit seine Sätze im Kopf herum. Er hatte Recht behalten!

Als ich bei meinem Freund ankam, saß die ganze Familie vor dem Fernseher. Und plötzlich sagte der Vater meines Freundes: »Wisst ihr was? Wir fahren jetzt dort rüber.« Wir haben uns ungläubig angeguckt und gefragt: »Wie, wir fahren jetzt dort rüber?« – »Na, packt eure Ausweise ein, wir fahren jetzt rüber!« Ich hatte in diesem Moment richtig Angst. Ich dachte, das geht doch nicht. Zu fünft sind wir dann in den grünen Moskwitsch gestiegen und Richtung Hof gefahren. Unterwegs habe ich gesehen, dass Tausende andere diese Idee auch hatten. Wir versuchten, aus der Stadt rauszukommen, und standen im Stau. Es gab nur eine Straße, die Plauen und Hof verband, und dort oben an der Grenze musste ja jetzt irgendwo »ein Loch« sein. Es sind ungefähr 30 Kilometer bis dorthin, und so nach drei oder vier Stunden waren wir in Sichtweite dieses berühmten Zauns. Die Gespräche im Auto verstummten auf einmal, und ich hatte ein beklemmendes Gefühl. Ich dachte: »Nee, das ist bestimmt nur ein Scherz, die lassen uns nicht durch.« Da sahen wir schon die ersten Grenzpolizisten, die mit der Situation offenbar überfordert waren. Wir fuhren den Berg hoch, und diese Grenze war wirklich offen! Einer der Grenzsoldaten warf einen flüchtigen Blick auf unsere Ausweise und winkte uns durch. Ringsum herrschte das völlige Chaos.

Wir tuckerten in Richtung Hof, auf einer Straße, die wahrscheinlich schon seit Jahrzehnten nicht mehr benutzt worden war. Spät in der Nacht, zusammen mit Tausenden anderen, kamen wir dort an, und es war wie auf einem anderen Stern. Alle Geschäfte hatten geöffnet. Wir liefen da herum, und die Situation erschien uns völlig absurd. Im Nachhinein weiß man, dass Hof eine ganz normale Provinzstadt ist, aber damals war die Hölle los. Wir sind durch die Geschäfte gelaufen, und es roch ganz anders als bei uns. Ich weiß nicht wie, anders eben. In diesen kleinen Lebensmittel-Discountern stand plötzlich alles vor einem, was man aus der Werbung kannte. Ich hatte die ganze Zeit das Gefühl, als sei das alles nicht echt. Es war wirklich eine große Angst in mir, dass das alles nur geträumt ist.

Kaufen konnten wir an diesem Abend nichts – wir hatten ja kein Westgeld. Nach kurzer Zeit, vielleicht einer halben Stunde, sind wir wieder zum Auto gelaufen. Wir hatten uns alles angeguckt, die Gerüche aufgenommen und wollten wieder nach Hause. Es gab nie den Gedanken, dazubleiben. Wir wollten zurück in diesen grünen Moskwitsch. Wir hatten uns einen Eindruck verschafft und wollten ein paar Tage später noch mal herkommen. Für die Rückfahrt über die Autobahn haben wir vier oder fünf Stunden gebraucht. Frühmorgens sind wir endlich wieder in Plauen angekommen und völlig fertig in die Betten gefallen.

Mir klingen noch die Sätze im Ohr, die der Vater meines Freundes an diesem Abend ständig wiederholt hat: »Ich hab das immer gewusst, ich hab das immer gewusst!« und »Jetzt wird alles gut!« Ich konnte seine Euphorie nicht recht teilen, ich konnte einfach nicht glauben, dass es jetzt wirklich vorbei sein sollte. Ich war mit meinem Leben in der DDR zufrieden und hatte mich damit abgefunden. Ich habe gedacht: »Okay, du hast einen Freund, du studierst zu Ende und dann kriegst du zwei Kinder«. Für mich war völlig klar, dass dieses Leben nur so sein konnte. Ich hatte mich auch wohl gefühlt bis zu diesem November.

Am Sonntag bin ich dann tatsächlich wieder in das ZV-Lager zurückgefahren, ich hatte ja noch meine Sachen dort. Ich kam dort an, und so gut wie niemand war mehr da. Nur noch ein Ausbilder. Und der sagte: »Du kannst gleich wieder umkehren.« Ich war stundenlang dort hochgefahren, um meine Sachen einzupacken und wieder zum Bahnhof zurückzugehen. Mit einem Mal war alles, was ich aus meiner Kindheit mitgenommen hatte, dieser anerzogene Ehrgeiz, diese Welt des Leistungssports, verschwunden.

»Für das Haus von Barbie hätten wir alle zusammenlegen müssen«

Claudia Rieger, Jahrgang 1977, Studentin der Anglistik und Journalistik, lebt in Leipzig (Sachsen)

Meine Familie und ich waren im Vergleich zu meinen Klassenkameraden relativ spät das erste Mal drüben, erst im Dezember 1989, kurz vor Weihnachten. Irgendwie hatten wir keine Zeit, außerdem war mein Vater sehr zurückhaltend, was das betraf. Es lag Schnee, und es war wirklich sehr kalt. Meine Eltern, meine Großeltern und ich sind zusammen im Škoda meines Opas nach Berlin gefahren. Schon auf der Landstraße dorthin ging es chaotisch zu: Nur Autos, nur Schlangen. In einem kleinen Ort vor Berlin mussten wir parken, von dort sollten Busse nach Westberlin fahren. Wir haben bestimmt zwei, drei Stunden in der Kälte gestanden und gewartet, bis wir dran waren und in einen Bus einsteigen konnten. Die Menschentraube war groß, wir haben gezittert, aber überwogen hat die Freude darüber, gleich das zu sehen, von dem du gedacht hattest, dass du es nie sehen wirst. Was du immer nur im Fernsehen gesehen hattest.

Irgendwann sind wir dann endlich zur Grenze gefahren und in einem relativ unspektakulären Stadtteil von Berlin gelandet, Zehlendorf oder so ähnlich. Die Häuser sahen nicht sonderlich schön aus, das war ziemlich ernüchternd. Auf der anderen Seite kann ich mich wirklich an das Gefühl erinnern, plötzlich in einem Teil von Berlin zu sein, wo alles anders ist. Es war ein anderes Land, eine ganz andere Atmosphäre. Und das hing nicht nur mit Konsum zusammen. Ich hatte allgemein das Gefühl, ich träume. So wie man vielleicht heute davon träumt, einmal New York zu sehen. Dann plötzlich stehst du in New York, dann ist diese Atmosphäre um dich rum, die du dir immer vorgestellt hast, weil du schon so viel darüber gehört hast. So war das in dem Moment, als ich damals in Westberlin stand.

Wir haben das Begrüßungsgeld abgeholt, und ich bin mit meinen Eltern losgezogen. Wir waren zuerst in einem Spielzeuggeschäft – heute würde ich es als unscheinbar und klein bezeichnen. Da gab es Barbie-Puppen. Also: Ich war zwölf, und das war für mich der Himmel! Barbie war das, was ich schon immer zum Spielen hatte haben wollen. Es gab eben nichts im Osten, was ähnlich war. Ich wollte eine Barbie haben, ich wollte diese schicken Kleider dazu und ein Barbie-Haus und möglichst noch Ken. Meine Eltern erklärten mir, dass sie mir jetzt nicht alles kaufen könnten. Dass wir nicht gleich das ganze Geld für Puppensachen ausgeben könnten. Heute weiß ich, dass sie Recht hatten, damals habe ich sie dafür gehasst. Mit den 100 D-Mark konntest du ja nicht so rumschmeißen, die Barbiekleider waren teuer, und für das Haus hätten wir alle zusammenlegen müssen. Gut, ich war zwar ziemlich enttäuscht, aber wenigstens hatte ich alles gesehen. Ich muss da gestanden haben wie heute beim Robbie-Williams-Konzert – mit glänzenden Augen. Die Verkäuferin gab mir eins von den Barbie-Heften, die einmal im Monat rauskamen. Das war der Hammer! Plötzlich hatte ich dieses Heft in der Hand! Es war eigentlich nichts, nur Werbung, aber für mich war es ein Heiligtum. Ich habe es sehr lange aufgehoben und war der Frau überaus dankbar. Sie war eine von den Freundlichen, obwohl sie wusste, dass die Ossis jetzt über sie herfallen würden. Andere waren reservierter. Ich war froh, dass ich mit meiner ganzen Familie zusammen war. Das hat mir Sicherheit gegeben.

Im Supermarkt haben wir wie die Ölgötzen vor den Regalen gestanden. Wir wussten nicht, was wir zuerst nehmen sollten. Ich weiß noch, dass mich ein Junge angesprochen hat, ein bisschen älter als ich, vielleicht 16. Ich hatte eine Tafel Schokolade in der Hand. Er fragte halb ironisch, halb freundlich: »Na, die erste richtige Schokolade?« Ich war verwirrt und konnte das nicht einordnen. Einerseits hatten die Wessis wohl Mitleid mit uns, weil das für sie Alltägliche für uns was völlig Besonderes war. Und andererseits wirkte es grotesk auf sie, wie wir plötzlich wie die Ameisen, wie Heuschreckenschwärme über Westberlin herfielen.

Ich denke nicht, dass dieses Verhalten der Ossis Ausdruck von Dummheit war. Eher ein Zeichen für das Aufholen von Dingen, die man in der DDR verpasst hatte. Wo es wirklich kein Durchkommen gab: Es führte kein Weg zu einem Telefonanschluss oder einem Westbesuch oder einer Reise nach Kuba oder in die USA.

Damals war es »in«, mit Rucksäcken in die Schule zu gehen. Ich hatte davor einen Campingbeutel, das Ostäquivalent. Und wenn ich schon keine Barbie haben konnte, dann das. Es wurde ein preiswerter Rucksack von Adidas. Kein 100-DM-Modell, vielleicht um die 30 DM: mintfarben, einfache Form, Reißverschluss, vorn eine kleine Tasche, gepolsterte Henkel und das Adidas-Logo aus durchsichtigem Kunststoff. Ich glaube, ich wusste damals schon, dass Adidas eine der großen Marken ist. Mir hatte aber vor allem die Farbe gefallen. Nach der Wende war ich ganz versessen darauf, Klamotten in Neonfarben zu tragen. Überhaupt auf alles, was farbenfroh war. Bunte Poster zum Beispiel. Du konntest dir das so gestalten, wie du Lust hattest. Das habe ich richtig genossen. Ich versuche trotzdem, nicht alles für selbstverständlich zu halten.

Mir ist erst vor ein paar Jahren bewusst geworden, dass ich in einem anderen System aufgewachsen bin. Und dass es mich geprägt hat. Es gibt für mich ganz besondere Dinge im Leben. Ich hasse es, dass sich das nach der Wende schnell abgenutzt hat, dass man viele Annehmlichkeiten als selbstverständlich hinnimmt.

Was mir noch geblieben ist von der DDR, ist dieses Kollektive. Am liebsten bin ich mit vielen Leuten zusammen, mache etwas gemeinsam mit ihnen. Auch wegen des kollektiven Gefühls von Freude, Trauer, Enttäuschung. Im Westen bezieht sich das eher auf die schönen Momente, denke ich. Wenn man Probleme hat, ist man plötzlich Einzelkämpfer. Ich würde es sicher ganz anders sehen, wenn ich im Westen aufgewachsen wäre. Dann wäre ich froh über Dinge, die ich dort erlebt hätte.

Ich denke, dass ich nicht viel jünger hätte sein wollen zur Wende. Ich könnte mich nicht mehr an Dinge erinnern, an die ich mich noch gern erinnere. Meine Kindheit war schön. Heute, mit etwas Abstand, kann ich mich kritisch mit der DDR auseinander setzen. In das Gesamtdeutschland bin ich reingewachsen. Ich musste mich nicht zwingen, mein Leben innerhalb kurzer Zeit umzustellen.

»Ich wollte die Sache zu Ende bringen«

Andreas Hunger, Jahrgang 1958, Maler, Transportarbeiter, lebt in Dieterskirchen (Bayern)

Weihnachten 1988 trafen wir fünf Kinder uns wie jedes Jahr bei unseren Eltern in Chemnitz. Ich hatte mir schon wochenlang den Kopf darüber zerbrochen, wie ich es meinem Vater beibringen soll. Er war überzeugter Genosse und ein »großes Tier« bei der Post. Ich habe ihm dann klipp und klar gesagt: »Pass auf, Vater, ich habe die Schnauze voll, ich will weg.« Ich dachte, er explodiert. »Spinnst du? Willst du meine Karriere ruinieren?« hat er mich angeherrscht. »Wenn du das machst, bist du nicht mehr mein Sohn.«

Trotzdem habe ich wie geplant im Februar 1989 in Annaberg ganz regulär die Ausreise beantragt. Keine vier Wochen später wurde ich vom Rat des Kreises vorgeladen. Man teilte mir unumwunden mit, dass mein Antrag abgelehnt wird. Ohne wirkliche Begründung. Einen neuen Antrag durfte man, soweit ich mich erinnere, erst wieder nach neun Monaten stellen. Das war mir zu lange, also versuchte ich es anders und bedrängte Mitte September einen guten Freund, er solle mich mit dem Motorrad nach Bratislava fahren. Ich wollte durch die Donau nach Österreich schwimmen.

An einem Freitag sollte es endlich losgehen, doch es kam anders. Am Wochenende vor dem geplanten Aufbruch hatte ich in einer Diskothek in Annaberg Abschied gefeiert. Zwei Tage später hatte es bei mir geklingelt. Zwei Stasileute standen vor der Tür und sagten: »Kommen Sie bitte mit zur Klärung eines Sachverhaltes.« Irgendjemand musste uns verpfiffen haben. Ich bestritt die Fluchtpläne dann auch gar nicht und verbrachte eine Nacht im Polizeiknast. Am nächsten Tag schafften sie mich in Handschellen mit einem Barkas-Kastenwagen ins Gefängnis nach Zwickau. Es gab keine Anklage, nichts. Keiner von meinen Freunden und Verwandten wusste Bescheid. Ich sagte den Stasileuten, dass ich ein riesengroßes Aquarium zu Hause habe und einen Wellensittich. Dass sich jemand darum kümmern muss. »Machen wir schon«, haben die gesagt. Nach drei Wochen war meine Ex-Frau das erste Mal in meiner Dachwohnung. Der Vogel lag tot im Käfig. Aus dem Aquarium führte ein Schlauch aus dem Fenster. In der Dachrinne lagen die toten Fische. Die hatten einfach das Wasser angesaugt und den Schlauch rausgehängt.

Der Knast in Zwickau war damals für 250 Leute ausgelegt. Ungefähr die doppelte Anzahl Häftlinge befand sich darin. Wegen angeblicher Grenzverletzungen. Wir waren zu sechst in einem Raum von zwei mal drei Metern. Hüben und drüben ein Dreistockbett, vorn ein quadratischer Tisch von 60 mal 60 Zentimetern, ein Hocker und ein Lokus. Ich hatte eine Woche lang keinen Stuhlgang. Es ging einfach nicht, vor fünf fremden Leuten.

Nach vier Wochen U-Haft, da war es bereits Mitte Oktober, habe ich das erste Mal einen Anwalt gesprochen. Er nahm an, dass es schon bald eine Amnestie geben und Honecker abtreten würde. »Das kann jetzt ganz schnell gehen«, meinte er. So war es dann auch. Eine Woche später war ich draußen. Ich musste unterschreiben, dass ich keine illegale Ausreise mehr versuchen würde. Ich könnte legal ausreisen und bräuchte es nur zu beantragen.

Im November haben sich dann die Ereignisse überschlagen. Zum Geburtstag meiner Tochter Mitte Dezember wollte ich unbedingt noch zu Hause sein, deshalb brach ich erst in der Nacht zum 17. Dezember – die Grenzen waren längst offen – in den Westen auf. Ein alter Freund brachte mich nach Reichenbach im Vogtland. Auf dem Bahnsteig stand mir das Wasser in den Augen. Ich hatte nur eine Reisetasche mit ein paar Klamotten bei mir und 50 Westmark. Das also war geblieben von meinem 30-jährigen Leben. Ich war im Begriff, alles zurückzulassen: eine Wohnung, meine Familie, ein Haus, das ich ausgebaut hatte, drei Kinder von zwei Frauen. Am Ende war es nur noch der Ehrgeiz, meinem Vater mit meinem Weggang irgendetwas zu beweisen. Ich wollte die Sache zu Ende bringen.

Der Zug fuhr nach Nürnberg. Ich hatte kein festes Ziel, ich wollte in die Oberpfalz, weil das nicht so weit weg war von zu Hause. Also bin ich in Weiden ausgestiegen. Es war nachts um drei. In der

Bahnhofshalle sprach mich jemand an und fragte, ob ich auch aus dem Osten sei. Er hatte es wohl an meinen Sachen und an der Reisetasche erkannt. Er nahm mich mit in eine Auffangkaserne. Dort bekam ich erst mal einen Kaffee. Am Morgen wurden dann die Formalitäten geklärt. Zwei Tage später quartierte man mich mit etwa 40 anderen Leuten – die meisten davon aus Sachsen – in eine Pension in Stadlern im Kreis Schwandorf ein, wohin wir mit einem Reisebus gebracht wurden. Nach Weihnachten holten wir uns in Oberviechtach unseren ersten Arbeitslosenvorschuss ab. 100 D-Mark. Silvester war gerettet. Wir hatten ja bis dahin kein Geld gehabt.

Anfang Januar habe ich dann gleich Arbeit in einer Malerfirma gefunden. Allerdings lag die 20 Kilometer entfernt. Der Chef hat mich gefragt, ob ich mich schon mal nach einem Auto umgesehen hätte. Ich machte ihm klar, dass mir hier viele Autos gefallen, ich aber kein Geld hätte, eins zu bezahlen. Daraufhin er: »Da unten ist ein Autohaus, schau mal, ob du was findest.«

Im Autohaus stand ein schöner roter 318er BMW, 90 PS, Baujahr 1984, 5000 D-Mark. Sah schon gut aus. Ich also zurück zum Chef der Malerfirma. Der nimmt den Hörer und ruft im Autohaus an: »Ich schicke dir jetzt einen zukünftigen Kollegen. Der fängt am Montag bei mir an und braucht ein Auto. Ich übernehme die Bürgschaft. Mach das alles klar!« Ich saß da und mir wuchs eine Wolke unterm Arsch. Ich hatte noch keinen Tag gearbeitet und fuhr BMW.

Wie ich später erfuhr, hatten der Chef und ich am gleichen Tag Geburtstag. Vielleicht hat das den Ausschlag gegeben.

Ich bin jetzt seit 14 Jahren in der Oberpfalz. Ich habe mehrfach die Firma gewechselt, war in den Wintermonaten oft ohne Job. Inzwischen arbeite ich als Transportarbeiter im Schichtsystem. Die Chemikalien beim Malern waren mir auf den Magen geschlagen. Es hat bisher keinen Grund gegeben, ins Erzgebirge zurückzugehen. Dort sieht es mit Arbeit noch schlechter aus als im Westen Deutschlands. Ob ich hier glücklich geworden bin? Nein. Aber das ist eine andere Geschichte.

»Mir war das alles zu blöd«

Hans-Ulrich Damm, Jahrgang 1960, Sozialbeamter, lebt in Leipzig (Sachsen)

Ich wurde noch im Herbst 1989 als Leutnant der Reserve zum Reservistendienst in der NVA eingezogen, nach Havelberg. Das liegt nördlich von Magdeburg in der Altmark. Wir waren zwei Wochen dabei, als wir das mit Schabowski im Fernsehen sahen. Im Politunterricht wussten sie da schon nicht mehr, was sie uns erzählen sollten. Drei Wochen später wurde ich entlassen. Das hat mir eigentlich nicht so gut gefallen, weil man bei diesem Dienst 90 Prozent seines Lohnes erhalten hat und den Sold obendrauf, und es letztlich wie ein Erholungsaufenthalt ablief.

Mit Oma, Frau und Kind bin ich dann nach meiner Entlassung Anfang Dezember über die Glienicker Brücke das erste Mal in den Westen gegangen. Ich hatte eine Zeit lang in Potsdam gearbeitet und kannte mich dort aus. Das Auto ließen wir in einem Villenviertel stehen. Es war spät und kalt, und wir steuerten ohne Umwege die nächste Raiffeisenbank in Westberlin an, holten das Begrüßungsgeld ab und kehrten wieder um. Mir war das alles zu blöd. Ich weiß, dass Arbeitskollegen von mir sogar zweimal abkassiert haben. Mir war schon einmal zu viel.

An diesem Abend haben wir keine müde Mark von dem Geld ausgegeben. Wir wollten uns was Besonderes dafür kaufen. Wir wussten ja auch nicht, ob das so weitergeht und ob wir jemals wieder welches haben würden. Ein einziges Mal hatte ich zu Ostzeiten Westgeld, zwei D-Mark. Die habe ich verschenkt, weil ich nichts damit anfangen konnte.

Vom Begrüßungsgeld haben wir uns übrigens später im Intershop in Leipzig ein Rattan-Möbel gekauft, eine Kommode mit Schubfächern. Keine Südfrüchte, keine Schokolade. Die Kommode haben wir immer noch. Sie kostete 99 D-Mark.

Ich war insgesamt wohl auch ein bisschen zu stolz. Ich war ehrlich gesagt nicht versessen darauf, Westbürger zu werden, auch wenn ich inzwischen Beamter bin. Mittlerweile sehe ich, was hier läuft, in dem so genannten Rechtsstaat: Recht haben und Recht bekommen, das sind zwei Paar Schuhe. Was ich jetzt mache, hat mit Gerechtigkeit gar nichts zu tun.

Alle waren euphorisch und haben von Aufschwung geredet. Ich habe damals gesagt: »Ihr werdet sehen, jetzt geht's erst mal bergab.« Es gab zwei Möglichkeiten, die D-Mark oder einen eigenen Weg. Vielleicht wäre ein eigener Weg utopisch gewesen, gerade aus wirtschaftlicher Sicht. Sozialismus als Utopie ist schön, nur den Faktor Mensch hat man dabei vergessen. Ich bin eigentlich heute noch Sozialist. Aber es funktioniert einfach nicht.

»Von Marken wusste ich noch nichts«

Diana Schmidt, Jahrgang 1974, BGS-Beamtin, lebt in Zeigerheim (Thüringen)

Was mich noch viel mehr geprägt hat als die Wende selbst, waren die Westpakete. Ich hatte eine Tante drüben, die schickte uns zweimal im Jahr ein Paket. Aufgemacht wurde es nur im Beisein aller Familienmitglieder. Ein richtiges Ritual. Vorher wurde das Paket Dutzende Male angehoben und beschnuppert. Der Geruch, die Verpackungen, das Auswickeln und Aufteilen – wer das nicht erlebt hat, weiß nicht, was das für ein gutes Gefühl war. Und die Dinge weckten meine Neugier darauf zu erfahren, wie es im Westen aussieht.

Die Wende hat uns eigenartigerweise zunächst nicht weiter berührt. Meine Eltern arbeiteten beide in der Landwirtschaft. Auf unserem Hof hatten wir sechs Kühe und eine selbst gebaute Melkmaschine. Dazu einen alten Moskwitsch, mit dem wir noch lange rumgefahren sind, als andere schon längst Westautos hatten. Wir waren nicht reich, aber es ging uns einigermaßen gut. Alles war bezahlt, wir hatten keine Schulden. Es gab keinen Grund, nun unbedingt als Erste in den Westen zu stürzen. Mein Vater sagte: »Wenn wir mal Zeit haben, fahren wir hin.« Aber wir hatten nie Zeit.

Nachdem schon so ziemlich alle dort gewesen waren, habe ich gedrängelt. Ich war schließlich 15 und wollte endlich auch mitreden können. Mein Opa erbarmte sich schließlich und ist mit seiner Freundin und mir in seinem hellblauen 311er Wartburg losgefahren. Das muss kurz vor Weihnachten 1989 gewesen sein, denn es war bitterkalt. In mir war so eine Mischung aus Neugier und Freude. Die war aber ziemlich schnell verflogen, weil wir drei Stunden nach dem Begrüßungsgeld anstehen mussten. Ich habe mich damit getröstet, dass ich mir davon Musik, Klamotten, Süßigkeiten, Parfüm und *Bravo*-Hefte kaufen könnte.

Das Erste, was wir uns von dem Geld wirklich gekauft haben, waren Lachsbrötchen. Dann habe ich mir eine Musikkassette geholt: Modern Talking, Alphaville oder Die Ärzte, glaube ich. Auf jeden Fall noch ein paar Turnschuhe und eine Jeansjacke. Von Marken wusste ich noch nichts. Bis auf 15 D-Mark habe ich alles ausgegeben. Bei mir stand also damals das Konsumieren im Vordergrund.

Außerdem wollte ich mir an diesem Tag unbedingt Pferdezeitschriften ansehen, weil ich damals schon eine absolute Pferdenärrin war. Als ich sechs war, hatten meine Eltern mir mein erstes Pferd gekauft, weil der Orthopäde gesagt hatte, ich solle reiten lernen und schwimmen. Der Sattel war inzwischen 20 Jahre alt. Mein Vater hat damals oft Leder gekauft und selbst etwas gebaut. Wir hielten also an einem Reiterhof, und eine junge Frau gab mir einen Versandkatalog mit Pferdesachen. Den blätterte ich zehnmal am Tag durch.

Mit Westdeutschen habe ich später leider auch viele schlechte Erfahrungen gemacht. Bei der Ausbildung für den Bundesgrenzschutzdienst in Coburg beispielsweise ist uns Ostdeutschen viel Hass entgegengeschlagen. Für viele waren wir Menschen zweiter Klasse. Einmal musste ich vortreten, und der Hundertschaftsführer sagte: »Frau Ehrhard«, so hieß ich damals noch, »Sie haben drei Fehler: Sie sind eine Frau, Sie sind blond und Sie kommen aus dem Osten.« Das hat wehgetan.

»Wie auf einer Fahrt in den Orbit«

Thomas Stauche, Jahrgang 1974, Student der Biologie, lebt in Weißen (Thüringen)

Ich bin das erste Mal mit meinen Großeltern rübergefahren. Es muss ein Sonnabend gewesen sein, ein paar Wochen nach der Grenzöffnung. Meine Großeltern waren nicht sonderlich versessen darauf. Es war noch dunkel, als uns mein Onkel mit dem Saporosch von unserem Dorf zur Kreisstadt fuhr. Wir kamen mindestens anderthalb Stunden vor der geplanten Abfahrt des Sonderzuges am Bahnhof an. Meine Großeltern waren mit der Situation völlig überfordert. Sie waren bisher kaum aus ihrem Dorf rausgekommen. Auf dem Bahnsteig wurde es sehr eng. Es war abzusehen, dass der Zug völlig überfüllt sein würde. Als er dann leer einfuhr – kein Reichsbahnzug, sondern ein silberglänzender Zug der Bundesbahn –, gab es ein mächtiges Gedränge. Ich habe mit einem Sprung auf das Trittbrett drei Sitzplätze für mich und meine Großeltern ergattert.

Ich weiß noch, dass im Zug eine erwartungsvoll adrenalingeschwängerte Atmosphäre herrschte, wie auf einer Fahrt in den Orbit. Im Kontrast dazu muffelte mein Opa immer nur rum. Er war früher Betriebsleiter in einem Agro-Chemischen Zentrum und guckte Schnitzlers »Schwarzen Kanal«. Für meinen Opa war die Situation die blanke Folter.

Mein Interesse für den Westen hielt sich auch in Grenzen. Es gab keinerlei familiäre Verbindungen oder sonstige Kontakte nach drüben. Ich habe mich für Sport interessiert, und auf dem Gebiet lagen wir im Osten ja damals um Längen vorn. Die einzige Verbindung, die wir zum Westen hatten, war ein Quelle-Katalog. Und der war voll mit Dingen, die ich sowieso niemals hätte haben können. Im Katalogabschnitt mit den Spielwaren hatte ich sicherheitshalber trotzdem alles angekreuzt, was ich gebrauchen konnte.

Wir kamen dann auf einem ziemlich hässlichen Bahnhof in Kronach an. Der Bahnhof lag unten, aber die Auszahlstelle für das Begrüßungsgeld weiter oben in der Stadt, etwas unterhalb der Burg. Wir mussten über Kopfsteinpflaster laufen. Mein Opa streikte schon nach 50 Metern. Er hatte als Folge einer Kriegsverletzung ein steifes Bein. Am liebsten hätte er auf die 100 D-Mark verzichtet, aber meine Oma konnte ihn überreden, weiterzulaufen. Als wir das Geld hatten, hievten wir ihn wieder zum Bahnhof und setzten ihn in die Mitropa. Er wollte dort eigentlich etwas essen, aber es war ihm alles zu teuer. »Unverschämt, die Preise!« erklärte er uns, als wir ihn wieder abholten. Er musste sich mindestens fünf Stunden an einem einzigen Glas Bier festgehalten haben.

Meine Oma und ich hatten zielgerichtet den Tengelmann-Markt angesteuert. Meine Oma wollte unbedingt Südfrüchte kaufen. Ich kann mich noch an den Anblick der Obstauslagen erinnern. Mich versetzte es eher in eine Schwingung, als dass ich etwas fühlte. Ich erlebte keinen Konsum-, sondern vielmehr einen Angebotsschock, und das den ganzen Tag lang. Zu viel Farbe, zu viel Duft, einfach von allem zu viel. Alles war neu, wie ein Abtasten der Lage im Koma. Beobachten und einscannen. Das Einzige, was ich mir geleistet habe, waren Pommes in der Tüte, mit Ketchup, gleich dreimal hintereinander, und zwei *Bravo*-Hefte. In der Klasse hatten wir einen Jungen, dessen Vater als Fernfahrer regelmäßig in den Westen konnte und seinem Sohn immer die *Bravo* mitbrachte. Der dealte dann in der Schule mit den Postern: 15 Mark für ein kleines Poster, 20 für ein großes. Also war die *Bravo* damals für mich von unschätzbarem Wert, und die Pommes kamen einer kulinarischen Sensation gleich. Es waren diese langen, regelmäßig geriffelten Spritzgusspommes. Die Fränkische Bratwurst aber war eine Beleidigung für einen Thüringer wie mich – zwei dünne, blasse Würstchen in eine Semmel gequetscht. Das war einfach nur lächerlich! Frevel!

Von Kronach selbst haben wir an diesem Tag eigentlich so gut wie nichts gesehen. Ich weiß nicht, ob die Stadt schön ist oder nicht. Ich kann die Franken auch heute noch nicht leiden, sie behandeln uns Ossis wie Hauptschüler.

»Mensch Loth, warste schon drüben?«

Lothar Reinwarth, Jahrgang 1943, Former und Gießer, Oberstleutnant der Grenztruppen a.D., Geschäftsführer, lebt in Dittrichshütte (Thüringen)

Ich habe sehr lange gebraucht, bis ich meinen Fuß über die ehemalige Staatsgrenze, Mauer, Demarkationslinie oder weiß der Teufel was, gesetzt habe. Fast ein ganzes Jahr. Für mich war das eine innerdeutsche Grenze. Am 9. November, als die Grenze aufgemacht wurde, hatte ich den Arsch voller Tränen. Das sage ich ganz offen. Ich war eigentlich von der DDR und »der Sache« überzeugt. Ich sehe heute noch den Schabowski da sitzen ... »Das gibt's doch überhaupt nicht«, habe ich gesagt. Die Bilder aus der Nacht – für mich waren das erschreckende Szenen. Mein Sohn leistete damals gerade in Berlin an der Grenze seinen Grundwehrdienst ab. Ich rief ihn alle 24 Stunden an und sagte ihm: »Junge, lass dich zu nichts hinreißen! Aufpassen jetzt, wo das Ding langgeht!« Zum Glück ist nichts passiert.

In der DDR war ich Kommandeur und Oberstleutnant der DDR-Grenztruppen. Schon mit 18 war ich zur Deutschen Grenzpolizei gegangen, gleich nach der Lehre, das war im Februar 1961. Ich habe mir gedacht: »Bei der Grenzpolizei, da hast du Wald und frische Luft, da bist du richtig.« Die Ausbildung habe ich hier in Dittrichshütte gemacht. Als die Kaserne 25 Jahre später, 1986, geschlossen wurde, bin ich auf eigenen Wunsch ausgeschieden. Ich fing dann unmittelbar danach in der Maxhütte Unterwellenborn an, als Abteilungsleiter, und war unter anderem für den Umbau der Kaserne zu einem Kinderferienlager verantwortlich. In dieser Zeit habe ich begriffen, dass zwischen dem Bücherwissen, dem Leben in der Kaserne und der Realität eine Lücke klaffte. Leere Regale trotz ständiger Planerfüllung, das ging irgendwie nicht zusammen. Ich habe dann einen Bericht geschrieben. Es stand drin: »Wir können sofort von den 485 Angestellten im Direktorat A 200 entlassen, es wird sich am Produktionsprofil der Maxhütte nichts ändern.« Da war ich natürlich in ein Fettnäpfchen getreten, aber diese ganzen »Schummelposten« haben mich furchtbar aufgeregt.

»Mensch Loth, warste schon drüben?« Diesen Satz habe ich nach dem 9. November '89 immer wieder gehört. »Nee«, habe ich gesagt, »ich konnte doch jeden Tag mit dem Fernglas rübergucken.« Und das stimmte ja tatsächlich. Von der Grenze aus hatte ich die gepflegten Ackerflächen, die ausgebauten Feldwege und die hervorragenden Häuserfassaden gesehen. Umso beschämender fand ich, welche Spur unsere Leute im Westen hinterließen. Sie stürzten zu Aldi, schleppten die Bierbüchsen nach Hause – und überall hielten die Kameras drauf. Das musste ich wirklich nicht miterleben. Mein Begrüßungsgeld habe ich dem Westen sozusagen als Spende überlassen.

Als ich dann im Spätsommer 1990 das erste Mal in den Westen fuhr – Mann, war das ein Scheißgefühl! Ich kannte jeden Meter dieses Grenzabschnitts bei Sonneberg, hier hatte ich in den 60er Jahren gedient. Du hast als Grenzer immer verdammt weit vorn gestanden. Vor dir das Minenfeld, hinter dir der Schlagbaum. Die großen Schilder mit dem Hoheitszeichen, mit den Warnungen »Achtung, Staatsgrenze!«, »Achtung, Minen!«, das freie Sichtfeld, das freie Schussfeld – all das war nicht mehr da, aber in meiner Erinnerung noch sehr gegenwärtig. Bevor ich irgendetwas anderes machte, fuhr ich den gesamten Grenzabschnitt von Sonneberg in Richtung Hildburghausen auf der Westseite ab. Übrigens schon mit meinem ersten Westauto, einem Opel Astra. Danach ging es nach Coburg.

Es waren immer noch Massen von DDR-Bürgern unterwegs. Ich habe mit meiner Frau, die natürlich auch das erste Mal im Westen war, einen schönen Stadtbummel gemacht. Wir schauten in ein paar Kaufhäuser rein. Meine Frau wurde immer ruhiger, ihr ging es offenbar nicht gut. Ich habe sie dann auf der Rückfahrt gefragt, was los war. »Ich habe dort keine Luft mehr bekommen. Wo du hingeguckt hast, alles im Überfluss.« Ich konnte sie gut verstehen. Wir haben an diesem Tag keine müde Mark ausgegeben. Wofür auch?

»Du kannst ja nicht viel sehen«

Luise Langlitz, Jahrgang 1921, Rentnerin, lebt in Zörbig (Sachsen-Anhalt)

Den Westen habe ich mir vom Reisebus aus erschlossen. Zwischen 1990 bis 1995 habe ich jedes Jahr rund zehn Tagesreisen mitgemacht, manchmal mehrere in einem Monat. Die kosteten meistens 19,90 D-Mark. Das Geld war kein Problem, ich hatte noch zehn Jahre, bis 1990, als Pförtnerin gearbeitet, nachdem ich schon Rentnerin geworden war. Da habe ich schönes Geld nebenbei verdient. Zeit hatte ich auch, also wollte ich die Gegend kennen lernen.

Meine erste Reise ging nach Bad Wildungen bei Kassel. Auf dieser Fahrt habe ich mir ein synthetisches Bett gekauft – Deckbett, Kopfkissen, Unterbett. Das machte zusammen rund 500 D-Mark.

Manchmal ging es schon früh um viertel fünf los, oft kamen wir erst spät in der Nacht zurück. Man wollte ja wieder heim, nicht woanders übernachten. Ich habe mir alle meine Reiseziele aufgeschrieben: Kulmbach, Hof, Celle, Fulda, Goslar, Lüneburger Heide, Hannover, Braunschweig, Bad Harzburg, Altona, das Fichtelgebirge oder der Teutoburger Wald. Meine weiteste Fahrt ging bis nach Cuxhaven. In Berlin war ich gleich dreimal: einmal in Tegel, zweimal in Schöneberg. Schön ist es überall, aber du kannst ja nicht viel sehen. Die meiste Zeit saßen wir auf den Werbeveranstaltungen, wo die ihr Zeug loswerden wollten. Was habe ich da nicht alles gekauft! Eine Lederjacke für über 1000 D-Mark, teure Decken oder ein goldenes Essbesteck zur Silberhochzeit meines Sohnes. Für mich gabs ein Eckregal kostenlos dazu. Wenn du was gekauft hattest – und wenn es auch nur ein Plüschtier war –, bekamst du immer auch etwas geschenkt, eine Tischlampe, eine Stehlampe, ein Teeservice, ein Kaffeeservice. Das habe ich alles von den Reisen. Aber das meiste bekamen meine Kinder; irgendeine Kleinigkeit habe ich ihnen immer mitgebracht.

Für eine Tagesreise brauchte ich ungefähr 80 D-Mark. Wenn ich nichts Größeres kaufte.

Nach den Verkaufsveranstaltungen verfrachtete man uns irgendwohin zum Essen. Danach gings zurück. Von den Orten selbst habe ich eigentlich nicht viel gesehen. Manchmal hatte man noch eine Stunde Zeit, um rumzulaufen oder einzukaufen. Mit Leuten von drüben kamen wir aber nicht in Kontakt. In den Gaststätten waren sie froh, wenn wir was bestellten, aber sie haben sich nicht mit uns unterhalten.

Mitte der 90er Jahre habe ich mit den Fahrten aufgehört. Ich kann das lange Sitzen nicht mehr vertragen, und die Beine wollen auch nicht mehr so.

»Dafür bin ich grenzenlos dankbar«

Rainer Eppelmann, Jahrgang 1943, Mitglied des Deutschen Bundestages, lebt in Berlin

Intensiver als an meine Reisen in den Westen erinnere ich mich an jenen Abend, an dem ich mich zwar in Richtung Westen bewegte, aber nicht im Westen ankam. Es war die Nacht des Mauerfalls. Wie lange das schon her ist, beinahe anderthalb Jahrzehnte! In einem solchen Zeitraum wächst ein Mensch zum Teenager heran. Ich war damals bereits in einem Alter, in dem manche schon an ihren Vorruhestand denken. Aber ich fühlte mich jung, und meine Begeisterung teilte ich mit vielen anderen. Wir hatten unzählige Pläne, von denen wir manche in die Tat umsetzten.

Auch für mich kam der Fall der Mauer und damit das endgültige Aus der zerschlissenen SED-Herrlichkeit völlig überraschend. Am späten Nachmittag des 9. November 1989 hatte ich an einer Veranstaltung in der Französischen Friedrichstadtkirche teilgenommen, auf der Ehrhart Neubert und ich die Oppositionsgruppe »Demokratischer Aufbruch« vorstellten. Bei der Gelegenheit fragte mich Lothar de Maizière, was ich davon hielte, wenn er neuer CDU-Vorsitzender würde. Die Dinge waren also schon ganz schön in Bewegung gekommen in der DDR.

Die Veranstaltung war am frühen Abend beendet. Zurückgekehrt in die Samariterstraße fragte mich der Ostberliner Stadtjugendpfarrer Wolfram Hülsemann, ob ich auch schon davon gehört hätte, dass die Mauer offen sei. Vorstellen konnte ich mir das nicht, also stiegen wir ins Auto und fuhren zur Bornholmer Straße.

Auf dem Weg zum Grenzübergang sahen wir immer mehr Menschen mit uns in dieselbe Richtung gehen. An der Grenze, unmittelbar vor dem noch geschlossenen Schlagbaum, standen bereits etwa 100 Personen. Sie hatten vermutlich alle im Fernsehen die Nachricht von den neuen Regelungen zur ständigen Ausreise gehört, die Politbüro-Mitglied Günter Schabowski auf einer Pressekonferenz versehentlich bekannt gegeben hatte. Wir drängelten uns allmählich bis ganz nach vorn an den Schlagbaum. Die Grenzer wussten offensichtlich nicht, was sie tun sollten. Da öffneten einige Berliner, unter ihnen Wolfram Hülsemann und ich, den Schlagbaum in der Bornholmer Straße – und es passierte nichts. Wir liefen durch die hier etwa 200 Meter tiefen Grenzbefestigungsanlagen bis zum letzten Kontrollpunkt. Auch dort wussten die Grenzsoldaten nicht, was tun. Eine junge Frau hatte begriffen, was jetzt angesagt war. Sie ging auf einen der jungen Männer in Uniform zu, hielt ihm eine Blume hin und sagte nur: »Danke schön!« Das war das richtige Wort in diesem Moment – es machte die Grenzsoldaten zu Verbündeten – und entspannte die Atmosphäre an diesem unvergesslichen Abend ganz maßgeblich.

Mein Freund Wolfram und ich gingen damals nicht mit über die Grenze. Wir blieben bei den Grenzern stehen und schauten den Leuten ins Gesicht, die da in Richtung Westen drängten: Fassungslosigkeit, ungläubige Freude, Tränen, Stammeln … Wildfremde Menschen lagen sich plötzlich in den Armen. Dann kamen die ersten Trabis und Wartburgs aus dem Osten angerollt, und von der anderen Seite waren inzwischen viele Westberliner zur Brücke gekommen.

Als wir vor Mitternacht gegen den Strom der Menschen, die in Richtung Westen liefen, nach Hause gingen, sahen wir plötzlich Leute vor einem Bäckerladen stehen. Der Bäcker hatte einfach aufgemacht zu dieser späten Stunde, hatte die Marktwirtschaft schon begriffen: Wer aufgeregt ist, bekommt Hunger, wird er sich gedacht haben. Er wurde seine restlichen Brötchen und Brote vom Vortag ganz schnell los.

Der Westen war für mich damals schon nicht mehr ganz neu. Gelegentlich war dem Bürgerrechtler die Genehmigung erteilt worden, »aus familiären Gründen« in die BRD zum Besuch seines dort lebenden Vaters zu reisen. Als ich im Juni 1984 eine solche Reise machte, war das MfS natürlich auch wieder mit von der Partie und berichtete, wie sich der OV »Blues« im Zug verhalten hatte. Da war ich doch tatsächlich vom Bahnhof Zoo bis Wannsee am Zugfenster stehen geblieben, um einen besseren Blick auf Westberlin zu haben.

Kurz vor Braunschweig war ich auf die Toilette gegangen (»sein Gepäck und seine Jacke verblieben im Abteil«), und nach der Rückkehr hatte ich in meiner Jacke nachgesehen, ob die Brieftasche noch vorhanden war. Bedauerlicherweise mussten die Genossen vom MfS meine Betreuung »aus Gründen der Wahrung der Konspiration« ab Hannover unterbrechen, sodass ich von da an ganz ungeschützt weiterreisen musste.

Wenn ich in den Westen reisen durfte, ließ ich mich unter anderem gern zum Bonner Kanzlerfest einladen. Stefan Schwarz von der Jungen Union stellte mich dabei allen möglichen Leuten als »Pfarrer Eppelmann aus Ostberlin« vor, was Robert Havemann zu Hause mit Sorge erfüllte, der fürchtete, es könne mir einmal gehen wie seinem Freund Wolf Biermann, der nach einem Auftritt im Westen nicht wieder in die DDR einreisen durfte. Nun, dazu ist es nicht gekommen. Ich durfte das Ende des SED-Regimes in der DDR erleben.

Die Zeit nach dem 9. November und die Jahre nach der deutschen Vereinigung haben viele Erfolge, aber auch manche Frustrationen gebracht. Wir alle mussten viel lernen, die Drehbücher mussten ständig umgeschrieben werden. Wir hatten keine Vorbilder, an die wir uns halten konnten. Wir mussten alle Fehler – und das nicht zu knapp – selbst machen. Die äußere Einheit war letztlich schnell herbeigeführt worden, aber die innere Einheit ließ und lässt auf sich warten.

Jetzt, im Mai 2004, hat sich die Europäische Union um zehn Mitglieder aus dem östlichen Teil des Kontinents erweitert. Ich habe das Glockengeläut in Ungarn gehört. Ich habe über die Medien erlebt, wie man in Prag Vaclav Havel für seinen Beitrag zu diesem Tag dankte und in Warschau Lech Wałesa und dem polnischen Papst. Für mich rückten der 9. November 1989 und der 1. Mai 2004 dabei ganz eng zusammen. Damals in jener Nacht wagten wir noch nicht von der deutschen Einheit zu träumen, und die europäische Einigung bis weit in den Osten hinein – und das in Frieden und Freiheit – war für uns überhaupt nicht vorstellbar. Heute ist das Wirklichkeit, und ich durfte das alles miterleben und ein wenig auch mitgestalten. Dafür bin ich im wahrsten Sinne des Wortes grenzenlos dankbar!

Anhang

Abkürzungsverzeichnis

ASK	Armeesportklub
BGS	Bundesgrenzschutz
DRK	Deutsches Rotes Kreuz
DTSB	Deutscher Turn- und Sportbund
EKD	Evangelische Kirche in Deutschland
FKK	Freikörperkultur
IM	Inoffizieller Mitarbeiter (der Staatssicherheit)
Intershop	Läden mit Waren aus westlicher Produktion, die in Valuta bezahlt wurden
LO	Lastkraftwagen der DDR-Grenztruppen
LPG	Landwirtschaftliche Produktionsgenossenschaft
MfS	Ministerium für Staatssicherheit
Mitropa	Speiserestaurant der Bahn
MZ	Motorrad- und Zweiradwerk Zschopau (Sachsen)
NDPD	National-Demokratische Partei Deutschlands
OV	Operativer Vorgang, in dem die Staatssicherheit mutmaßliche Staatsfeinde »bearbeitete«
Perso	Personalausweis
PGH	Produktionsgenossenschaft des Handwerks
RIAS	Radio im amerikanischen Sektor Berlin
SED	Sozialistische Einheitspartei Deutschlands
SFB	Sender Freies Berlin
Stasi	Staatssicherheit
Vopo	Volkspolizist (Angehöriger der DDR-Volkspolizei)
ZV	Zivilverteidigung

Angaben zu den Autoren

Sabine Krätzschmar

Jahrgang 1979; seit 1999 Studium der Politikwissenschaft und Journalistik in Leipzig und Jena, freie Journalistin und Lektorin.

Thomas Spanier

Jahrgang 1960; Studium der Sportwissenschaft in Leipzig, Transportarbeiter, Briefträger, Pförtner, 1985–90 Kreissportlehrer, seit 1990 Redakteur der *Ostthüringer Zeitung* in Jena und Saalfeld.